Asia-Pacific Human Rights Review 2009
アジア・太平洋人権レビュー 2009
Cross-border Marriage from Women's Human Rights Perspective
女性の人権の視点から見る国際結婚

●

㈶アジア・太平洋人権情報センター（ヒューライツ大阪）編

特集にあたって

　日本の農村における国際結婚が注目を浴びたのは1985年以降のことだ。東北の町役場が民間の仲介業者と提携し、結婚難に直面している地元の男性たちを募ってフィリピンに行き、女性たちと集団見合いをさせることを通じて、結婚仲介を始めたときである。以後、日本各地において農村を有する自治体が同様の仲介を実施するようになった。

　これらをきっかけとして、日本における国際結婚（とりわけ、夫日本人・妻外国人のカップル）は、1980年代後半から90年代にかけて現在に至るまで増加の一途をたどってきたのである。

　当初は、「南の国から来た明るい花嫁さん」というイメージでマスコミに好意的に取り上げられた。だが次第に、お互いの情報も知らないのに通訳を介した短時間の見合いで結婚相手を決めること、仲介業者が多額の手数料を徴収していること、見合いの際には男性1人につき多数の女性のなかから選べるといういびつなシステム、それらを自治体が主導や関与しているという不自然さに批判が高まるようになってきた。

　さらに、数年後、問題が具体的に噴出したのである。「花嫁」が耐えきれずに離婚したり、「嫁ぎ先」の農村から逃げ出すというニュースが続いた。女性たちには、早く日本語を覚え跡継ぎを産むことへの多大な期待や、従順な「花嫁」であることに加え、農作業への従事という過度な圧力がのしかかったのである。これらは、日本女性が「農家の花嫁」になることを避ける理由と重なっていた。

　日本に根強く存在する家父長的な女性蔑視感、とりわけ日本以外のアジアからの女性に対する侮蔑的な態度に加え、高い仲介料を出して「買った」という夫の意識がそこにあった。また、女性たちは来日前に正確な情報を得て来ていない場合が多いこともわかってきた。「東京だと聞かされて着いたところが雪深い農村」であったりしたのだ。

　その結果、「農村花嫁」の問題は、女性の人権問題として認識されるようになったのである。やがて、自治体は仲介というかたちではほとんど介入しなくなり、そのような手段による国際結婚は、民間仲介業者の手に委ねられるようになった。やがて、マスコミにもめったに取り上げられなくなった。

　しかし、国際結婚は、農村など地方だけにとどまらず増加の一途をたどった。それには、グローバル化による人の移動の活発化が理由に挙げられようが、家父長的な夫婦関係から自由でありたいと考える女性の非婚化傾向に並行するかたちで、結婚難に直面する都市部の男性も仲介業者や知人の紹介により国際結婚を選ぶというケースが増えてきたのである。

　そうしたなか、㈶アジア・太平洋人権情報センター（ヒューライツ大阪）は、日本で起きている現象が実は日本固有の事態ではなく、韓国や台湾など東

アジア地域においても途上国からの結婚移住女性が増加し、人権問題が浮上しているといった同様の事態が進行しているということに着目するようになったのである。ヒューライツ大阪は、2007年と2008年に韓国スタディ・ツアーを開催し、発展途上国から結婚移住や労働者として韓国にやって来た女性たちの状況や人権保障のあり方を学んだ。2007年には、大阪府立大学女性学研究センターや梨花女子大学アジア女性学研究センター、ソウル市女性家族財団と協力して日韓連続シンポジウムを8月にソウルで、10月に大阪で開催し、ソウルのシンポジウムにおいて「女性の人権の視点から見る国際結婚」を議論した。2008年10月には、㈶とよなか男女共同参画推進財団および㈶とよなか国際交流協会と協力して、日本・韓国・台湾から専門家を招いて「多文化家族と地域社会」を考える国際シンポジウムを開催した。いずれも、受入国という共通の視点から議論を深め、東アジアにおける結婚移住女性の人権の保障の道筋を議論したのである。そのような一連の取組みを通じて、いくつもの課題が浮き彫りになってきた。

　これまでのそうした積み重ねを通じて浮上してきたテーマをさらに掘り下げることの意義は大きい。本書は、そのことを念頭に置きながら、送出国の背景、受入国・地域である日本、韓国、台湾における状況に関して、この領域で活躍する第一線の専門家に執筆いただいた。国際結婚の場合、とりわけ、途上国からの結婚移住の女性の人権が侵害されやすいという経済的・社会的関係に注目し、夫が受入国の国籍保持者・妻が途上国出身というカップルに焦点を当てることにした。

　女性の人権の視点から国際結婚を見たとき、夫の妻に対する人権侵害というネガティブな側面にまず注目が集まりがちである。だが、実際にはもっと多様な現実が存在する。国際結婚を通じて、男性が肯定的に変わっていったり、結婚移住女性を迎えることで地域が変容したりしている。そのような変化についても、本書は着目することにした。各執筆者が提示しているさまざまな論点や議論が、今後の日本における国際結婚をはじめとする移住女性の人権をめぐる政策や共生社会の実現に向けたヒントとなることを期待したい。

　なお、本書では、「結婚移住」と「結婚移民」と異なった用語が使用されているが、それは筆者に委ねている。ここでは両者を同義語と考えていただきたい。

　最後に、執筆者の方々、とりわけ本特集の編集委員を務めていただいた初瀬龍平さん、佐竹眞明さん、そして数々のアドバイスをいただいた嘉本伊都子さんに感謝いたします。

白石理（ヒューライツ大阪所長）

特集にあたって 2

第Ⅰ部 女性の人権の視点から見る国際結婚
Part 1 Cross-border Marriage from Women's Human Rights Perspective

Human Rights in Cross-Border Marriages
8 人権と国際結婚
初瀬龍平

18 コラム●国際離婚
嘉本伊都子

"Kokusai Kekkon" (Cross nationality Marriage) in Japan
19 日本における国際結婚
嘉本伊都子

31 コラム●国際離婚と親権問題
嘉本伊都子

Beyond Complexity in Cultural Diversity: Filipina-Japanese Intermarriages
32 フィリピン・日本結婚のありようとこじれ
日本男性の変化と離婚を中心に
佐竹眞明

45 コラム●入国管理行政と密接にリンクする「偽装結婚」
藤本伸樹

Tales of Transnational Mothers: Fixities and Flexibilities in Family and Gender Constructs
46 トランスナショナルな母親たちの物語
家族とジェンダーの概念における固定性と柔軟性
メアリー・アンジェリン・ダアノイ　訳：岡田仁子／監訳：佐竹眞明

Marginalized Chinese Women who Married Japanese Men
57 周縁化される中国人女性の結婚移民
賽漢卓娜

Transformation of Rural Communities and Local Governments' Policies for International Marriage
68 国際結婚をめぐる自治体施策と地域社会の変化
武田里子

Domestic Violence against Migrant Women and NGO Initiatives
78 移住女性に対するDVの現状とNGOの取組み
DV法と移住女性、当事者女性のエンパワメント
山岸素子

Integration for whom ? : Marriage Migrant Women Policies in Korea and Patriarchal Imagination
86 誰のための統合なのか
韓国における結婚移民女性政策と家父長的発想
金賢美　訳：岡田仁子

The Development of Immigrant Movement in Taiwan
99 台湾における移民運動の発展
夏曉鵑　訳：園崎寿子

第II部 アジア・太平洋地域の人権の動向
Part 2 Development of Human Rights Activities in the Asia-Pacific Region

国連の動向

Human Rights Activities by the UN in 2008
114 **2008年の国連の動き**
白石 理／石川えり／岡田仁子

121 **資料1●自由権規約委員会総括所見・日本**
訳：日本弁護士連合会

130 **資料2●子どもの権利委員会一般的意見10（2007）**
訳：平野裕二

アジア・太平洋地域の政府・NGOの動向

Participating in the World Congress III against Sexual Exploitation of Children and Adolescents
156 **子どもと若者の性搾取に反対する第3回世界会議に参加して**
国際人権運動としての注目と評価を
園崎寿子

Participating in the 13th Annual Meeting of the Asia Pacific Forum of National Human Rights Institutions (APF)
160 **国内人権機関の「独立性」とNGOとの「ROCKY」な関係**
アジア・太平洋国内人権機関フォーラム（APF）
第13回年次会議に参加して見えたもの
山下 梓

アジア・太平洋人権レビュー2009
女性の人権の視点から見る国際結婚

目次

筆者紹介（第Ⅰ部）

初瀬龍平●はつせ・りゅうへい
京都女子大学教授

嘉本伊都子●かもと・いつこ
京都女子大学准教授

佐竹眞明●さたけ・まさあき
名古屋学院大学教授

メアリー・アンジェリン・ダアノイ●Mary Angeline Da-anoy
名古屋学院大学非常勤講師、名古屋大学大学院、春日井愛知フィリピン人の会創設人

賽漢卓娜●Saihanjuna
名城大学、豊田地域看護学校非常勤講師

武田里子●たけだ・さとこ
東京外国語大学多言語多文化教育研究センターフェロー

山岸素子●やまぎし・もとこ
カラカサン～移住女性のためのエンパワメントセンター共同代表

金賢美●Kim, Hyun Mee
韓国・延世大学人類学科副教授、同大学ジェンダー研究所所長

夏曉鵑●Hsia, Hsiao-Chuan
台湾・世新大学社会発展研究所副教授、南洋台湾姉妹会理事

Part 1 Cross-border Marriage from Women's Human Rights Perspective

女性の人権の視点から見る国際結婚

Human Rights in Cross-Border Marriages

人権と国際結婚

初瀬龍平 ●HATSUSE Ryuhei

1. はじめに

　人は結婚して、幸せな家庭を築こうとする。このことは、大多数の人にいえることであろう。日本では、配偶者に同国人を選ぶ日本人同士の結婚が多い。しかし、最近では外国人を選ぶ国際結婚が増えてきている。現在(2007年)、日本人の結婚のうち、国内での結婚では18組に1組ぐらいが国際結婚である。これに海外での結婚と国内外の事実婚(同棲)を加えると、その比率はもっと高くなるはずである。

　2007年の統計で見れば、日本での結婚総数は719,822組で、そのうち日本人と外国人との結婚は40,272組である。これを国籍別に見れば、韓国・朝鮮(夫・日本人5,606組、妻・日本人2,209組)、中国(夫・日本人11,926組、妻・日本人1,016組)、フィリピン(夫・日本人9,217組、妻・日本人162組)、タイ(夫・日本人1,475組、妻・日本人68組)、アメリカ(夫・日本人193組、妻・日本人1,485組)、イギリス(夫・日本人67組、妻・日本人372組)である(http://www.e-stat.go.jp/SG1/estat/List.do?lid=000001032161、2008年12月29日アクセス)。全体の傾向としては、圧倒的に夫日本人・妻外国人が多いケース(中国、フィリピン、タイ)、夫外国人・妻日本人が多いケース(アメリカ、イギリス)、それに両者の中間のケース(韓国・朝鮮)に分けられる。このことは、①日本との経済格差を背景とする途上国・中進国女性と日本人男性の結婚、②日本との経済格差のない先進国男性と日本人女性の結婚、③在日韓国・朝鮮人と日本人の結婚の3種類に分けることでもある。このうち、本論で主に対象とするのは、第1のケースである。

　国際結婚は、結婚する当事者の一組の男女間の私事である。しかし、そこには、結婚・家族をめぐる国内外の法体系や、夫婦を取り巻く家族・社会の文化的環境、さらに当事者2人の出身国間の経済格差が、婚姻の成立や家庭の運営に強い影響を及ぼしてくる。確かに、婚姻に至る動機や経緯がどのようなものであれ、結婚後の家庭を築いていくのは、当事者2人の意志である。愛情が希薄で始まった夫婦であっても、長い年月をかけて幸せな家庭を築くかもしれない。また、愛情一杯、幸せ一

杯で始まったはずの結婚が、短時間で離婚に至ることも、それほど珍しいことではない。

人権の視点に立てば、国際結婚に関連して最も重要なことは、本人の自由な意志の尊重である。国際結婚するもしないも、国際結婚後に離婚するもしないも、本人の自由意志によるべきものであり、このためには、当事者両人の間で平等の関係が必要である。このような考えに対して、日本人同士の結婚も、それほど自由でも平等でもないとの反論が出てくるであろう。しかし、そうだからといって、国際結婚に関して自由と平等の原則を無視してよいことにはならない。とりわけ出身二国間で経済格差があって、妻が途上国（あるいは中進国）出身である場合、彼女は自分の結婚に夢と希望を持ち、一個の人間として意思と能力を持っていても、夫やその家族、周囲の人々によって、結婚前の夢と希望は利用されるが、結婚後にその意思や能力が挫かれることが、少なくない。そこでは、自由と平等の原則が成立していない。

ここで断っておくと、私は、国際結婚で必ず人権問題が発生すると言っているのではない。私が言いたいのは、国際結婚には日本人同士の結婚と違った独自の人権問題が起こりうるということである。また、その救済に日本社会が積極的に取り組む必要のある場合があるということである。以下、日本の場合を中心にして、①国際結婚とは、②国際結婚をめぐる法的枠組み、③国際結婚での人権問題、④国際結婚と多文化主義の順に論じ、最後に「おわりに」で議論をまとめる。

2. 国際結婚とは――国籍・文化・国際移動

国際結婚という言葉には、①婚約・婚姻時、あるいは事実婚（同棲）開始時に国籍が異なる男女間の結婚[1]、②当事者の文化の異なる男女間の結婚（異文化結婚〔cross-cultural marriages〕）[2]、③少なくとも当事者の一方が、その出身国とは異なる国で結婚する（あるいは結婚している）場合（国境を越える結婚〔cross-border marriages〕）[3]という3つの意味が含まれている。すなわち、①国籍が異なること、②文化が異なること、③国際移動することが、国際結婚という概念の要件である。

たとえば、1980年代以降に暑いフィリピンから女性が日本にやって来て、日本の男性と結婚して寒冷地に住む場合、1980年代後半に日本に働きに来たイラン人の男性が、非ムスリムの日本人の女性と結婚する場合、あるいは日本からアメリカに留学した女性が、アメリカ人の男性と結婚してアメリカに住みつ

---

[1] 国際結婚とは「国籍の異なる者同士の結婚」である（井上輝子ほか編『岩波女性学事典』〔岩波書店、2002年〕131頁）。
[2] ローズマリー・ブレーガー＝ロザンナ・ヒル編著（吉田正紀監訳）『異文化結婚』（新泉社、2005年）。
[3] Nicole Constable ed., *Cross-Border Marriages: Gender and Mobility in Transnational Asia*, Philadelphia: University of Pennsylvania Press, 2005,

く場合は、上記の3要件を充たしている。しかし、3要件のうち2つしか充足していない場合でも、国際結婚といえる場合もある。たとえば、国際移動を伴わない「在日韓国・朝鮮人と日本人」の結婚の場合である。

　日本では、一般に国際結婚のことを「国籍の異なる者同士の結婚」と考えている。確かに、日本の国籍を持つ者（国民）の多くは、日本の民族であり、日本の文化で生きている。日本社会では、国籍の相違は文化（ジェンダー意識、言語、宗教、食事、衣服、家族、親族、家庭内分業、労働規範、居住様式、家庭団らん、娯楽、音楽、社会儀礼、社会慣習、社会的つきあい、出産、育児、子どもの教育、子どもの社会化など）の相違を含意する。そのため、国際結婚を異国籍結婚と定義しても、あまり問題がない。しかし、毎日の生活では、国籍の相違はあまり問題とならないであろう。むしろ日常的に家庭内紛争の種となるのは、細かい生き方の知恵（文化）をめぐる葛藤、摩擦である。

　次に国際移動であるが、これは結婚を目的とする国際移動（結婚目的移動〔migration for marriage〕）と、国際移動後の結婚（移動後結婚〔marriage after migration〕）に分けられる。前者の例は、1980年代後半から始まった日本への「アジア人花嫁」である。この場合、アジア女性が見知らぬ国（日本）の見知らぬ男性と結婚するために、日本へやって来るが、そのことは、彼女たちの意思と能力だけでは不可能なことであった。そこには、仲介業者や地方自治体の介在が必要であった。この場合、婚姻への同意が問題となる可能性が大きかった。現在でも仲介業者の介入には、同様の問題がある程度続いている4)。しかし、現在では、結婚目的移動でも、知人の紹介などが増えてきている。この場合や移動後結婚の場合では、婚姻への同意は本人の自発的意志であり、原則的にはそこに問題はない。たとえば、1990年代から目立ち始める、興行ビザでダンサーや歌手として日本に入国し、パブなどで働く間に日本人男性と知り合い、結婚するフィリピン女性の場合である。しかし、どちらの型でも、彼女たちは、結婚後の家庭で特有の弱い立場に置かれることには変わりがない。一般に家庭内で彼女たちに期待される日本的主婦の役割は、妻、家事、出産、育児、家庭内労働、外での賃労働、それに高齢者の介護である。前者の場合も後者の場合も、彼女たちに、DV（配偶者からの身体的暴力、性的暴力、社会との強制的切断など）が加えられる可能性が否定できない。さらに、結婚生活が日本在留資格の条件となるので、離婚の自由はかなり制限される。そのことが、DVを助長することにもなる。

---

4)　Yahoo! JAPANで「国際結婚」を検索すると、タイ・フィリピンで13業者、中国で75業者がヒットする（2008年12月25日アクセス）。1980年代後半から90年代前半に、主に過疎地域で嫁不足の小さな地方自治体が、仲介業者を利用した。しかし、最近は、地方自治体はこれに関係していない。過去の「花嫁」が在日20年で、どのように夫、家族、社会を変えてきているかについては、本特集の武田論文、佐竹論文を参照。

3. 国際結婚をめぐる法的枠組み——結婚・在留資格

　家族は、社会の自然かつ基本的な単位として、社会と国家から保護を受ける権利を持っている（世界人権宣言16条、自由権規約23条）。ほとんどの家族は結婚で形成される。日本で結婚と結婚の解消（離婚）を法的に定めているのは、国際法の世界人権宣言16条、自由権規約23条、および国内法の日本国憲法24条、民法第4編親族である5)。

　これらの法律によれば、結婚は、当事者2人の「自由かつ完全な合意」に基づく婚姻（世界人権宣言、自由権規約、日本国憲法）と、その婚姻の届出（民法739条）によって成立する。婚姻後の夫婦は、同居義務、協力義務、扶助義務など、家庭を保持する義務が生じる（民法752条）。この義務には、夫婦間の性的関係が伴うものとされる6)。結婚中の夫婦は、多くの場合、出生、養子、連れ子などで、親権をもつ子どもを家族内にもっている。その監護（扶養）、教育は夫婦の義務となる（民法820条）。

　婚姻の解消は、配偶者の一方の死亡、もしくは協議離婚か裁判離婚（調停、審判、判決）による（民法763条、770条）。離婚に関して、両性は平等の権利をもっている（世界人権宣言、自由権規約、日本国憲法）。

　結婚には、以上のほかに、財産権（民法）、相続権（民法）、DV（配偶者からの暴力の防止及び被害者の保護に関する法律。通称DV防止法）、入国資格・在留資格（出入国管理及び難民認定法）、これに伴う労働権（同上）、家族の再統合（子どもの権利条約10条）などの法律問題が関係してくる。

　ここで、結婚後の外国人配偶者が日本に滞在する資格を見ると、国際結婚に伴い外国人配偶者が日本に滞在するとき、配偶者ビザ（「日本人の配偶者等」の在留資格）を必要とする（在留期間は1年もしくは3年。期限後は再申請）7)。外国人配偶者は、婚姻後3年以上経過し日本に1年以上在留していると、原則として「永住者」資格（永住権）を得ることができる8)。問題は、永住権取得以前に離婚した場合である。配偶者ビザを持つ者は、離婚成立の場合、これまでの在留期限が切れた時点で、日本での在留資格が問題となる。一般的に言って、日本人との子ども（日本国籍を有する者）を「監護・養育」していれば、定住者ビザに変更できる9)。配偶者ビザでの在留許可が3年以上に及んでいる場合にも、日本での生活基盤の証明

---

5)　本章では、異国籍者の事実婚（同棲）について考察の対象外とする。しかし、結婚を私事であるとして、事実婚を貫き通す場合でも、家庭の保持、子どもの出生・養育・教育、事実婚解消後の財産分与・親権、DVなどで法律的問題が発生する。このような場合、事実婚のカップルも国家や国籍から自由であることはできない。
6)　佐藤義彦＝伊藤昌司＝右近健男『民法Ⅴ——家族・相続（第3版）』（有斐閣、2006年）21頁。
7)　山田鐐一＝黒木忠正『よくわかる入管法』（有斐閣、2007年）106頁。
8)　謝я哲編著『実例でわかる外国人在留資格申請ガイド2——定住・永住・国際結婚』（明石書店、2008年）98頁。これは帰化の条件と同じである（奥田安弘『家族と国籍（補訂版）』（有斐閣、2003年）75頁）。
9)　山田＝黒木・前掲注7)書111頁。

を条件として、定住者ビザに変更できる10)。定住者ビザを持てば、日本で働くことができる11)。しかし、いずれにせよ監護、養育の事実や、生活能力の証明が必要であり、在留資格変更の問題は、日本人との離婚後の外国人にとって、最大の懸念事項である。逆に言えば、この心配があるために、離婚の自由が制限されている、という人権問題がある。

子どもの国籍については、日本人との国際結婚で生まれた子どもは、自動的に日本国籍を取得する12)。

結婚と在留資格に関する日本の法律は、国際結婚を特別に排除も優遇もしていない。しかし、日本人と結婚した外国人配偶者のほうは、日本の言語、社会慣習の知識や人間関係で不利である。法的救済を求める場合にも、彼らは、日本人以上の努力や日本社会からの支援を必要とする。

以上は、日本の制度の説明である。しかし、国際結婚には、もう1つの国の法体系が問題となってくることがある。婚姻、離婚、子どもの国籍、親権、本人の国籍の決定などで、夫婦両人の国籍国の法体系が異なることから、多くの摩擦、紛争が生じてくる。たとえば、親権の決定を日本で行うか、外国人配偶者の祖国で行うかで、父方優位か、母方優位かの差が出てくる。細かいこととは、国際私法の領域であり、本論の範囲を越えている。

4. 国際結婚での人権問題

ここで、上述の法的枠組みとの関連で、国際結婚での人権問題を整理しておく。

(1) 結婚成立をめぐる問題

婚姻は、法律上、当事者間の「自由かつ完全な合意」に基づくとされるが、「合意への阻害」「合意への誘導」「合意形成への詐欺的行為」「合意への脅迫」「合意の無視」「合意の見せかけ」というかたちで人権問題が起きる。

「合意への阻害」とは、親(父、母、あるいは両親)などが「外国人との結婚は認められない。親子の縁を切る」などと言って、子どもの国際結婚に反対する場合である(人種差別撤廃条約5条違反)。このケースはけっこう多いと思われるが、日本人同士の結婚の場合ほどには差別問題と意識されていないようである。反対する親たちは、文化摩擦の問題だと思っている。

「合意への誘導」としては、国際結婚ブローカー・仲介業者がアジアの女性に結婚相手の日本人の男性やその居住地域について好ましい情報だけを提供することや、日本人の男性に向けてアジ

---

10) 入管実務研究会『入管実務マニュアル〔改訂第2版〕』(現代人文社、2007年)104頁。
11) 定住者とは「法務大臣が特別な理由を考慮し一定の在留期間を指定して居住を認める者」(出入国管理及び難民認定法、別表第二)。一定の在留期間は、最長で3年である(出入国管理及び難民認定法施行規則)。
12) これまで、事実婚の外国人女性に生まれた子どもは、父親から生前認知を受けていれば日本国籍を取得できたが、生後の認知では日本国籍を拒否されてきた。しかし、2008年6月4日の最高裁での違憲判決を受けて、12月5日に国籍法が改正され、生後認知でも可となった。

アの女性は心優しいというステレオタイプ的情報を流すことや、あるいは現地でお見合い的な出会いの場を作って女性側にも選択の自由（の見せかけ）を作り出すように仕掛けることなどの例がある。そこには、男性から女性へのプレゼントという仕掛けもあろう。これらが度を過ぎると、「合意形成への詐欺的行為」や「合意への脅迫」となる（民法747条によると、詐欺・脅迫による婚姻は取り消すことができる）。男女の両性が婚姻の「合意の形成」に向けて、自分をよく見せて売り込むことや、プレゼント攻勢することは、どこの国でも一般的なことである。しかし、国際結婚の場合で違うことは、異国間で双方に情報のギャップが大きく、誘導が詐欺になりやすいことである。

「合意の無視」の例は、売買婚である。人身売買は、国際法（人身取引防止議定書）でも国内法（刑法226条の2）でも犯罪行為である。売買婚に近い国際結婚はかなり見られる。しかし、真相は究明しにくく、売買婚として処罰されることは、ほとんど聞かない。

「合意の見せかけ」に関連するのが、偽装結婚である。偽装結婚は犯罪であり（刑法157条・公正証書原本不実記載の罪）、婚姻は無効とされる（民法742条）。偽装結婚の国際結婚は、形式合法、実質不法の入国手段、滞在手段として使われる。そこで、警察はほぼ日常茶飯的にその摘発をし、関係者を逮捕している。確かに、偽装結婚を放置しておくことはできない。しかし、その調査には、人権侵害を犯さないようにと、十二分の注意が必要である。日本人同士の結婚であると、夫婦の別居や年齢差（性的交渉力の存否）は格別に婚姻関係を否定するものとされないが、国際結婚では、そのようなことが、入管当局から結婚の偽装の根拠とされる傾向がある。入国管理局は偽装結婚を疑うと、国際結婚の夫婦に対して、抜き打ちの家庭立入り調査などを行う。このような場合、人権侵害が家庭の外から加えられることになる13)。

婚姻関係では、以上のほかに、婚姻届の不提出や重婚の可能性がある。いずれも婚姻として無効である（民法742条、732条）。とくに国際結婚の場合、当事者の一方が他方の言語、法律を知らないことが多いので、意図的にこれらの人権侵害を進める当事者やブローカーがいると推測される。

(2) **家庭生活での人権問題**

上記の結婚成立をめぐる問題を少なくとも形式的に無事クリアして、国際結婚した夫婦が家庭生活を始めたとしよう。夫婦には、同居義務、協力義務、扶養義務が発生する。子どもに対しては、扶養義務、教育義務が発生する。これらの義務に対して、日本人同士の結婚でも多くの問題が日常的に起こるが、国際結婚では、異文化の強制、異

---

13) 入管実務研究会・前掲注10) 書99頁。抜き打ち調査については、サーム・シャヘド＝関口千恵『新版・在留特別許可——アジア系外国人とのオーバーステイ国際結婚』（明石書店、2002年）138頁。

文化間衝突に関連して、問題は大きく、特有なものとなる可能性がある。アジア人妻の場合、夫側の家族は、その食事、衣服、風呂、シャワーなど日常生活で日本の習慣を妻に強要する。夫は男性優位で、仕事本位の日本的生活を維持しようとし、妻はこれを理解できない（夫は妻が理解できないことを理解できない）。拡大家族で育ってきた妻からすれば、本国の家族に送金するのは、家族の一員として当然の義務である（夫や家族は不快に思う）。異質の言語・文化環境にいる妻は、日常の相談を含めて、本国の家族に電話する（夫や家族は無駄遣いと思う）。これらの事態を夫とその家族は、文化摩擦と捉えるかもしれない。しかし、このような場合には、夫から妻への協力義務の違反、ときには扶養義務の違反というかたちで人権侵害が行われている。事態は、子どもの扶養義務、教育義務の違反にまで及ぶかもしれない。さらには、夫からのDVという深刻な事態も加わってくるかもしれない。DVは、DV防止法違反として、明らかに人権侵害であり、被害者は法的救済の対象となる。しかし、法的救済までの道筋は、多難である。さらに、種々の義務違反は人権侵害であっても、法的に科罰の対象とならず、被害者は法的に救済されない。このグレー・ゾーンが、国際結婚にからむ人権問題を考える際に、最も難しいところである。ここでの問題は、異文化理解というかたちで時間をかけて解決されるものであるが、それと同時に関係者への社会教育とか、周囲の社会の理解とが意味を持つであろう。

(3) 離婚にからむ人権問題

国際結婚の場合、離婚との関係で、人権侵害が深刻化することがある。第1に日本での在留資格（上述）との関係で、離婚の自由が制限される（不本意の結婚を続けねばならない）。第2に、協議離婚をしたくても、日本人の配偶者が一方的に協議を拒否すれば、協議離婚が成立しない。そこで、裁判離婚をしようとすれば、当人にとって裁判所の場所、出頭経費、裁判経費などの問題も含めて、多くの問題が発生する。離婚をめぐる状況は、とくに経済的弱者（一般に女性）の外国人にとって、決定的に不利である。離婚時には、慰謝料、財産分配、親権の所属、扶養義務の遂行、子どもの面接交渉権などの重要問題が決定されねばならないが、決定に至るまでが大変であり、また決定されても、そのとおり実行されるかどうかがまた大変である。第3に、当事者に離婚の意志がないにもかかわらず、法務省によって、別居や年齢差の事実をもって当事者間に婚姻関係を継続する意志がないと判断され、配偶者ビザの更新を拒否される人権問題がある。これは、事実上の婚姻関係が疑われ、偽装結婚が疑われている行き過ぎの場合である[14]。

---

14) 入管実務研究会・前掲注10)書99、101～103、206～208頁。

⑷ 制度の存在とその活用

日本では、国際結婚をめぐる法体制は、一応整備されている。しかし、制度があることと、制度を活用できることとは、まったく別の話である。とりわけ、人権侵害被害者の外国人配偶者（一般には妻）が独力で救済機関（配偶者暴力相談支援センターなど）に訴え出たり、裁判を起こしたりすることは、ほとんど不可能であろう。彼女たちが法的救済に訴えるには、日本の民間支援団体（たとえばカラカサン）15)や行政からの支援が必要となっている。

5. 国際結婚と多文化主義

国際結婚に伴う人権問題の発生を予防する社会的環境として、日本社会が多文化主義的になることが重要である。それとともに、国際結婚の正当性が増し、社会全体が国際結婚に受容的になるであろう。このための先導者となっているのが、国際結婚している当事者たちである。

結婚に際して不利な状況に置かれたアジア人女性たちは、いつまでも忍従しているだけではない。1980年代に来日して結婚した女性たちは、すでに20年も日本の家庭に住み、家庭内での地位をつくり上げている。そのなかには、自分の家族、社会を変革しようとする者もいれば、自らの収入を得るために働きに出る者もいる。あるいは家族、夫から離脱（婚家との別居、夫との別居、離婚）していく者もいる。しかし、敵対的な夫や家族を前にして、外国人の彼女たちが独力で状況を切り開いていくことは至難である。日本語学習、保健・医療、教育などの支援や地域社会への異文化理解への啓発など、行政側からの多文化主義的支援も必要である16)。

国際結婚している日本人女性も、日本社会の多文化主義を進めている。たとえば、1980年代後半〜90年代前半に日本に働きに来たパキスタン人（ムスリム）男性と結婚した人たちの多くが、結婚にあたりイスラームに改宗すると、さらに自らが夫を超えて「純粋なイスラーム」の姿を求めて生きている17)。また、不法滞在者のバングラデシュ男性と結婚した日本人女性は、人権無視の入国管理局と対決して、夫の在留特別許可を勝ち取っている18)。ここには、日本社会における新しい多文化主義の未来が見えている。

6. おわりに

日本での国際結婚に関わる人権問題について、重要な点を確認しておこう。

第1は、外国人配偶者を意思と能力を持つ一人の人間として認めるかどうかである。このことは、文化摩擦と人権

---

15) カラカサンについては、本特集の山岸論文参照。
16) 韓国における多文化主義が実は同化政策の一変形であることについて、本特集の金論文を参照。
17) 工藤正子『越境の人類学——在日パキスタン人ムスリム移民の妻たち』（東京大学出版会、2008年）。
18) シャヘド＝関口・前掲注13)書。

侵害の線引きに関して問題となる。家庭内では多くの文化摩擦が生じているが、夫や夫の家族は、アジア人妻に対して、家庭内で伝統的な日本の嫁の役割を期待・強制し、妻からの不満を抑え込んできている。夫らは日本の文化・風習を優先し、妻の意思に反していても、このことを文化の違いで正当化する。そのことで夫婦間の協力義務や、ときには扶養義務に違反するが、一般的に法的救済の対象とはならない。

第2は、どこから人権侵害は法的救済の対象となるかである。1つは、家庭のDVの場合である。もう1つは、当人が状況から逃げ出そうとするときに、その自由がないか、あるいはその自由が制限されている、という意味での人権問題への救済である。あるいは、彼女たちが日常的な人権無視に対して自己主張を始めれば、毎日の生活で文化摩擦が多発する。これに対して、彼女たちは、しばしの忍従を越えて、時機をみて家庭から何らかの意味で離脱を図ろうとする。離脱には、外での労働、婚家からの独立別居、夫との別居、さらに離婚が考えられるが、ここでも自由意志の剥奪や制限が人権問題となる。さらに、婚姻について国際結婚仲介業者が仲立ちした場合、両性の合意の見せかけや、詐欺的行為が考えられる。これには、政府として国際結婚仲介業者を許可制にするなどの一定の規制が必要であろう[19]。

第3は、離婚に関係しての問題である。まず、在留資格との関係で、離婚への自由が制限されている。次に、離婚への過程が、外国人（とくに妻）に多大な負担をかけることは、上述のとおりである。さらに離婚後は、生活と子どもの問題がある。元の夫からの慰謝料や子どもの養育費が一時的に入るかもしれないが、一番に大切なことは、当人が働けることである。そのためには、在留資格がまず問題となる。離婚後の人権問題は、日本国家がどのような法的救済を離婚した外国人に保障するか、に関わる。

第4に、日本の法律は、国際結婚について特別に優遇も排除もしていない。その意味では、外国人配偶者にも法的救済の制度は与えられている。しかし、制度があることと制度を使えることは、まったく別のことである。たとえば、外国人配偶者のほうは、日本の言語、社会慣習や人間関係について不利な状況にあるので、法的救済を求める場合でも、本人の非常な努力以外に、社会と行政から積極的な支援が必要とされる。

第5に、日本の政府と社会は、外国人配偶者を夫・妻、父親・母親、働く人、市民、文化触媒者として評価し、直接的な救済以外にも、国際結婚を普通と見る多文化主義的な取組みを強化していかねばならない。この取組みは、当事者の夫婦、その家族の構成員、およびその地域社会に向けて、本人たち、家族、支援者、行政が共同で行ってい

---

[19] 韓国での規制については、本特集の金論文を参照。

くものである。現実に、家庭内の文化衝突を異文化の共生に積極的に転化していく夫婦の事例が多くなっている。婚約、婚姻に至る過程が自由でなくとも、あるいは不自然であったとしても、夫婦間の愛情と協力が強まり、むしろ国際結婚をバネとして、当事者たちが変容し、社会も変革していく例は、けっこう多い。国際結婚の家族が日本社会を活性化しているという現実がある。

column

国際離婚

　国際結婚件数の増加に伴い、国際離婚も増加している。しかし、国際結婚の破綻は、日本人同士の離婚より多いと思われがちであるが、顕著に離婚率が高いわけではない。

　離婚に際して最も大きな問題は、子の親権問題である(コラム「国際離婚と親権問題」参照)。国際離婚について扱った書籍としては、松尾寿子『国際離婚』(集英社、2005年)、野口ひろみ『離婚駆け込み寺――住職からのメッセージ』(静岡新聞社、2007年)があるが、日本人女性と欧米系男性を扱ったものである。松尾が指摘しているように、日本人女性の国際結婚が破綻していく理由のひとつに、「彼女はいったいいつから働き始め、いつになったら、この社会のやり方に従ってくれるの？」という欧米人男性(親族)側の問いかけから始まる例もある(松尾、2005：213)。松尾は、「外国人」としての甘えが許されない欧米社会とのギャップと解釈している。

　国際結婚をする日本人女性が「主婦化して当然」という感覚を相対化できない場合、「共働きが基本」の外国社会に持ち込んだ場合生じる「役割期待の不一致」(この逆のパターンは本書賽漢卓娜論文参照)が、離婚原因のひとつとなりうる。もちろん、欧米男性側が従順な妻を期待しているならば、役割期待は一致する。さらに、どのような教育を子に継承するかも、ジェンダー役割の差が文化的に規定される度合いによっては、夫婦間で葛藤を生み出す。なぜなら、自分が身につけた躾などの家庭文化や、学校文化を相対化することは難しいからだ。

　逆に、外国人女性が、日本における母親役割に徹するあまり、いわゆる育児ノイローゼ、さらには精神疾患に陥り、自分の子の友だちを殺害してしまったとされる事件もあった。これは外国人、日本人を問わず、家庭の中での人間関係に閉じこもり、その地域社会の中でネットワークを築くためのコミュニケーション能力が低い人は、孤立を高め、ストレスを増大させやすい。また、夫婦間でリスペクトしあえるコミュニケーションができているか否かが、破綻するかしないかに深く関わっていることはいうまでもない。

(嘉本伊都子)

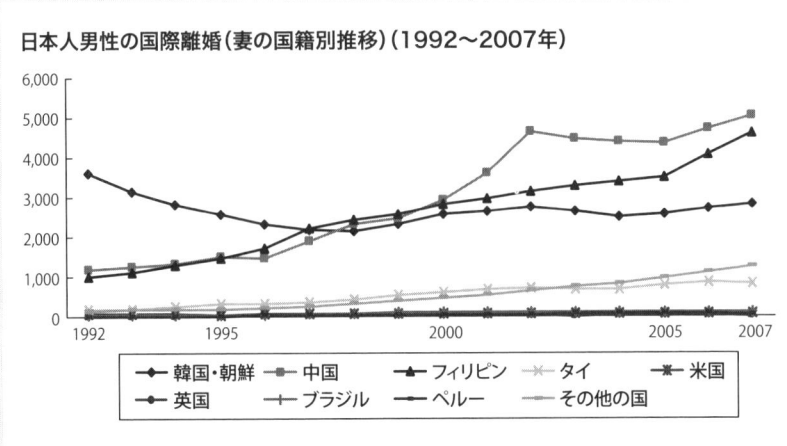

日本人男性の国際離婚(妻の国籍別推移)(1992〜2007年)

"Kokusai Kekkon" (Cross nationality Marriage) in Japan

日本における国際結婚

嘉本伊都子●KAMOTO Itsuko

1. はじめに

　国際結婚という日本語が示す現象は、東アジアや英語圏では異なるタームで表現されることのほうが多い。英語圏ではインターマリッジという言葉が使用されるが、それは必ずしも国境を越える必要はない。社会内部の人種や、宗教、文化という境界線を越えた婚姻である。それゆえに近年増加中の越境を伴う国際結婚は、クロス・ボーダー・マリッジ（Constable, 2005）と表現される。アジア諸国の間でも、国際結婚は急増している。しかし、台湾そのものが近代国家として他のメンバーに認められるのかという政治的な問題を抱えるため、たとえば、中華民国の台湾人とメインランド・チャイナと表現される中華人民共和国の中国人との間の婚姻を「国際結婚」と表現すること自体が政治的な立場を表明することになる。台湾では越境結婚、韓国では移住女性、多文化家族という言葉が使用されることが多いようだ。「国際結婚」という表現は、日本産なのである。本稿は、日本における国際結婚を概観し、戦後から現代の国際結婚の現状を述べる[1]。

2. 国際結婚の歴史

(1) 鎖国から開国

　日本人と異国人の男女関係を為政者が正式にいつから婚姻とみなしたのであろうか。

　江戸時代、キリスト教、とくにカソリックの布教が、身分制社会の根幹を揺るがしかねないことから、寛永年間にいわゆる鎖国令を次々と出した。結果として、長崎の出島と唐人屋敷に異国人男性たちは事実上、「幽閉」されていった。彼らは長期間滞在する。そこへ長崎の丸山遊女が差し出される。遊女は、今でいう労働許可証（鑑札）を持って、出島に架かる橋を「越境」することができた。唐人屋敷とオランダ商館のある出島に唯一通うことのできた女性たちである。しかし、遊女は異国人男性の正妻になる権利などなかった。

　たとえば、フォン・シーボルトは、丸山遊女の滝との間に「オランダおいね」

---

1) 紙面の都合上、大幅に割愛せざるをえなかった。詳細は拙著『国際結婚の誕生──〈文明国日本〉への道』（新曜社、2001）、『国際結婚論!? 歴史編』『国際結婚論!? 現代編』（法律文化社、2008年）を参照のこと。

をもうけた。しかし、文政12（1829）年のいわゆるシーボルト事件により、永久国外追放となる。愛娘おいねを連れて帰ることは国禁であり、異国人との間に生まれた子は母方につける、すなわち、日本人として育てられた。これは正徳3（1713）年に公布された遊女の唐人屋敷出入取締りの訓令、およびその訓令の追加だと考えられるものに「唐人・阿蘭陀人の子、粗略に養育すべからず」2)とあり、異国人男性と遊女の間にできた子どもは、母である遊女のもとで育てることになったからである。

江戸時代にできたこの慣習は、やがて、いわゆる私生子法にも引き継がれる。明治6（1873）年1月18日、太政官布告第21号は、正妻・妾以外の女が産んだ子は、母方の籍につけるというルールを明文化した。現在では差別用語である「私生子」をあえて使用する。なぜなら、登録された妾から生まれた子は「公生子」であるからだ。明治15（1882）年に刑法から「妾」が消滅するまで、「私生子」の意味するところは現在と異なる。私生子法は、戸籍の制度化に伴い、日本人同士の間の私生子の取扱いについて指示した法律である。やがて、正式な婚姻関係にない外国人男性と日本人女性（とくに遊女）の間に生まれた子どもにも適用されるようになった。日本人男性の認知により男性の戸籍に入る妾腹の子はいるが、認知のない私生子を母方の籍につけるという明治時代の規定は、今日まで影を落

としている。「婚外子」が、生まれる前の段階で日本人父の認知があれば、日本国籍が取得できるが、生まれた後の認知は、父母が婚姻関係になければ日本国籍が得られない。2008年6月4日、最高裁は国籍法に違憲判決を下した。2009年1月1日の改正国籍法は、この判決を受け、父母が婚姻していない場合でも、出生後、日本人に認知されていれば日本国籍の取得ができるようにした。

壬申戸籍の編製に着手した1872年にマリア・ルース号事件が発生し、遊女解放令が出される。日本近海を航行中、ペルー船に「苦力(クーリー)」として乗せられた中国人が奴隷のような扱いに耐えかね、イギリス船に助けを求めた。イギリスは、日本の海域で起きた事件であるとして、判断を日本政府に委ねる。1863年にリンカーン大統領が奴隷解放宣言を出したばかりであり、西洋諸国にとって奴隷は非文明国の象徴になりつつあった。奴隷を解放せよとする日本側に、ペルー側は、日本には遊女という人身売買の慣習があり、奴隷がいるではないかと切り返した。これに対し、遊女は国内のものであり、国外にもち出すものではないという屁理屈を述べた。だが、遊女を解放しなくては文明国として西洋列強から認められないことを悟った明治政府は、遊女解放令を出し、遊女は「牛や馬」と同じとして、遊女の借金を無効とした。

現代においてもなおアメリカ国務省の

---

2) 長崎市役所編『長崎市史風俗編（下巻）』（清文堂出版、1967年）23〜24頁。

『人身売買報告書』3)で指摘されてきたように、日本政府が認める「興行」資格は人身売買の温床となっている。日本人女性は「牛や馬」からは進歩したものの、2007年当時の厚生労働大臣から「女性は子を生む機械」という発言が飛び出した。遺憾ながら、日本における女性の人権の確立は、さらなる啓発の余地が多分に残されている証左であろう。

(2) 国際結婚の誕生とネーション・ビルディング

1873年、私生子法が制定された2カ月後、本邦初の国際結婚に関する規定、明治6年3月14日太政官布告第103号（通称、内外人民婚姻条規）が布告された。この規定はナポレオン法典を模倣した。フランス民法典では、国際結婚をした場合、女性は嫁いだ男性の国籍に変更するとされ、夫婦国籍同一主義が明文化された。

ところが、明治政府は、内外人民婚姻条規にナポレオン法典にはない一条、すなわち、日本人の婚姻の習慣のひとつである婿養子の規定を挿入した。この場合、日本人女性の「家」に入る外国人の婿養子は、「日本人タルノ分限」を得るとされた。小泉八雲（ラフカディオ・ハーン）などに適用されたように、夫である外国人男性が、妻（女性）の国籍へ変更することによって夫婦の国籍を同一にするという、西洋諸国には理解しがたい一条であった。

妻の国籍が、婚姻とともに夫の国のものへと自動的に変更される夫婦国籍同一主義は、既婚女性の無能力規定と同じ家父長的思想に由来する。しかし、ヨーロッパ全土を巻き込む世界大戦は、「敵国出身の妻」を増加させた。第一次世界大戦終結のわずか2年後、ジュネーブで開かれた婦人参政権協会大会に参加したガントレット恒（音楽家山田耕筰の姉で英国人エドワード・ガントレットと国際結婚）は、ドイツの代表が「私共が四年前に参政権を持ってゐたらこの戦争は防ぎ得られたのではないだらうか、戦争こそは家庭の破壊である。婦人達は絶対に戦争を排撃する。世界各国の婦人が参政権を得て世界平和確立のために尽力することを望む」4)と述べたことに、衝撃を受けた。また、1923年に汎ヨーロッパ構想を打ち立てたリヒャルト・クーデンホフ・カレルギーの母は青山光子、父はオーストリアの伯爵で日本へ外交官として来ていたクーデンホフ・カレルギー伯爵である。父（夫）と母（妻）の国が戦争した場合、母（妻）の祖国に銃を向けられるかという問いは、女性の権利と世界平和の希求へとつながっている。

1930年第1回国際法典編纂会議において「国籍の抵触に関する条約（ハーグ条約）」が締結されたが、妻の国籍の積極的および消極的抵触の防止を規定するにとどまったために、多くの婦人

---

3) "Trafficking in Persons Report" なお、在日米国大使館のホーム・ページから報告書の各年度別原文、邦文抄訳も閲覧可能。http://japan.usembassy.gov/tj-main.html（2008年11月2日アクセス）
4) ガントレット恒子『七十七年の思ひ出──伝記・ガントレット恒子』（大空社、1989年）117頁。

団体が不満を表明し、国際連盟に婦人諸問委員会が組織されるに至った。日本は、満州事変後、国際連盟を脱退する（1933年）。日本においてこの夫婦国籍独立主義が実現するのは第二次世界大戦後のことである。

この「日本人タルノ分限」は、戸籍と国籍が癒着して概念化されていたといえる。なぜなら、当時帰化法も、憲法も、民法も国籍法も制定されていなかった。制度化されていたのは、壬申戸籍と内外人民婚姻条規のみであった。戸籍という「家」の箱は、「対内的日本人」を保障するにすぎない。すなわち、対外的には、日本人を保障するものではない。「家」の箱に対して、私は「対外的日本人」を保障する「船」の箱という概念を提起した。「近代国家」の箱ではなく、「船」の箱と表現したのは、それが、西洋列強によって近代国民国家として認められるかどうかにかかっていたからである。不平等条約が改正されるまでは、日本という「船」の箱が、近代国民国家であるとはみなされているとはいえなかった。

つまり、日本政府が認めた国際結婚が、相手国の政府によって正当なものとしてみなされるかどうかは、日本人（国）が相手国にどう見られていたかを投影した。たとえば、アメリカのカリフォルニア州のように、異人種間婚姻禁止法の中で白人市民と、「黒人、ムラトー（白人と黒人の間に生まれた子）、モンゴリアン」との結婚は、正当なものとしてみなされなかった。第二次世界大戦後、米軍兵士によってアジアから戦争花嫁がアメリカをめざすことになるが、彼女たちが合法的な妻である地位を獲得するためのプロセス、その後の適応プロセスに差別や困難がつきまとったことはいうまでもない。

(3) 植民地の拡大と敗戦──戸籍と国籍の二重管理

日清、日露の２つの戦争に勝利する頃には、日本は文明国の仲間入りを果たしたという自負が芽生え、朝鮮半島や台湾、南樺太を植民地化していった。日本の支配下にあるという意味で「船」の箱は膨張した。しかし、「内地」「外地」という表現で日本と植民地を差異化していた実態は、内地人である日本人と、外地の朝鮮半島の人との婚姻を、「内鮮結婚」と呼んだことに現れている。その区別を可能にしたものは、内地戸籍と外地戸籍（民籍）であった。

実際問題として、家族・親族システムが異なるため、戸籍を同じ形式のものにするには困難が伴った。たとえば、朝鮮半島では、結婚しても女性は姓を男性の姓に変更しない。徹底して父系血統主義がとられるために、子どもたちは父親の姓になる。1941年に実行された創氏改名は、日本的に「家」の箱の呼び名である「氏」を創らなければならなかったことを意味する。もし、徹底的に内地戸籍と外地戸籍の差異を無化していたならば、敗戦後のサンフランシスコ講和条約発効以後、「韓国・朝鮮」籍という国籍とは限らない日本政府による記号の創出には至らなかったはずである。法務府民事局長通達（1952年4

月19日付民事甲第438号「平和条約の発効に伴う朝鮮人、台湾人等に関する国籍及び戸籍事務の処理について」)により、ほとんど当事者の意思は問われることなく、彼らは日本国籍を選択する機会を剥奪された。内鮮結婚により、内地戸籍に入った人(たとえば、婿養子となった元朝鮮人男性)は日本国籍となったが、外地戸籍である朝鮮籍に入った人は(多くは朝鮮人男性に嫁いだ日本人女性)、元内地人であっても、日本国籍を失った。

現代日本でも続く戸籍と国籍によるネーションの二重管理は、巧みに利用されている。労働者が不足したバブル経済期、1990年の「出入国管理及び難民認定法」(以下、入管法)の改正により、日系人が、事実上、非熟練労働者として在留資格を認められた。日系人は外国籍でありながら、日本人の戸籍をもつ祖父母などに遡及できるゆえに、日本国への入国を認められた。

3. 現代の国際結婚

(1) 高度成長・低成長期の国際結婚
　　——ハイパガミー志向と近代(核)家族

敗戦後、新しい日本国憲法において男女平等を謳ったが、新しい民法は従来の「家」意識を温存した。それは戸籍制度が解体されなかったからだ。戸籍という「家」の箱に入る女であるから「嫁」である。婚姻後の姓は選択制ではあるものの、日本人女性の大多数は、婚姻後夫の姓を「氏」とする。子も同様

である。このように「家」の箱のメンバーが同じ「氏」を共有することに日本人は違和感を抱きにくい。それゆえに、男女平等を憲法で規定しても、男性の国籍のみが子に継承される父系血統優先主義に対して疑問を差し挟む余地がなかったのである。

だが、女性差別撤廃条約に日本政府が署名したことから、1985年に国籍法が父母両系主義へと改正された。新憲法発布から実に40年近くが経過していた。戸籍制度の存続は、とくに日本人女性に人権意識をもつことを難しくさせている。しかし、男女平等のために戸籍解体に日本人が首肯するであろうか? 女性天皇を認めない皇室典範の改正とともに日本における人権問題の根は深いといえる。

図1の日本人男性の国際結婚の変化に着眼すると、おおよそ5つの考察期間に分けられる。その考察期間は、戦後の日本社会の社会経済的変動のみならず、家族の定性的・構造的変化とも密接に連動している。

第Ⅰ期(1965〜74年)は、1955年頃から始まった高度経済成長期にあたる。この期間のみ日本人女性の国際結婚が日本人男性のそれを上回っていた。なぜ高度経済成長期に国際結婚は増加しなかったのか。この第Ⅰ期は、落合恵美子の主張する「家族の戦後体制」が形成された時期である。「家族の戦後体制」は、いわゆる昭和ヒトケタ世代から団塊の世代、つまり1925年出生コーホートから1950年出生コーホートという人口学的移行期世代によって形

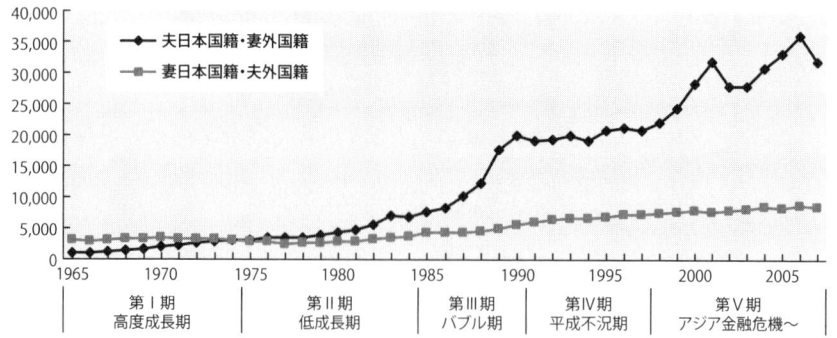

図1●日本における国際結婚件数の推移(1965～2007年)

出典●『人口動態統計』(厚生労働省大臣官房統計情報部)各年より作成。

成された[5]。この世代は、きょうだい数が平均4人以上いる。単純に、長男、次男、長女、次女の4人きょうだいを考えてみよう。長男に田舎の両親をまかせ、他の3人のきょうだいは都市へと移動しやすかった。都会では「専業主婦と夫、そして平均的に子ども2人」という男女役割分業を強化した戦後の近代(核)家族が成立しやすかった。戦後の荒廃した社会から、高度経済成長へと社会全体が移行していくなかで、海外にではなく国内移動によって「家族の戦後体制」が大衆化できた時代といってよい。つまり、男女とも配偶者を日本人以外に求める要因が希薄であったといえる。

女性が自分の生まれ育った社会的階層(多くは父の階層)や、自分が獲得した地位(たとえば学歴)よりも、同等かそれ以上の階層の男性を結婚相手に選ぶ傾向がある。これをハイパガミーと呼ぶ。女性が経済的自立の手段をもたない、あるいはその手段を継続しにくい社会である場合、女性は「よりよい生活」のために「よりよい条件の男性」と結婚をするという婚姻行動を起こす。国際結婚による越境も、基本的には、「よりよい生活」を求める婚姻行動のひとつとして解釈され、これをグローバル・ハイパガミーという。

山田昌弘は、このハイパガミーの原理と、高度成長から低成長へという社会変動を組み合わせ、低成長期に「父親の経済力が高い女性の結婚難」と「経済力が低い男性の結婚難」を同時に引き起こし、それが国際結婚の増大という帰結をもたらしたと述べている(山田、1996)。

しかし、国際結婚の増大は、低成長期に入った70年代後半にその予兆はあったものの、本格的に増大するのはバブル期の第Ⅲ期である。日本人女性

---

5) 人口学的移行期世代とは、社会の近代化・産業化に伴い、多産多死から少産少死という社会へ移行する時期がある。その移行期にあたる世代が、日本では1925～50年出生コーホートである。落合恵美子『21世紀家族へ——家族の戦後体制の見かた・超えかた〔第3版〕』(有斐閣、2004年)。

のハイパガミー志向が強まったのであれば、低成長期にも日本人女性の国際結婚が増加しているはずである。しかし、日本人女性の国際結婚は、高度経済成長期よりもむしろ、低成長期に低い件数となっている。低成長期に入っても国内移動、すなわち、都会に「越境」することによって、女性はハイパガミー先を探すことができたと考えられる。

(2) ハイパガミー国内充足の限界——日本人女性と国際結婚

では、なぜ第Ⅰ期のみ、日本人女性の国際結婚が日本人男性のそれを上回ったのであろうか。

敗戦後、日本社会にハイパガミーを実現できる日本人男性は少数であった。占領下に置かれた日本に長期間大量に駐在した連合国軍兵士は、戦勝国は圧倒的に豊かであり、「よりよい生活」を保障してくれるのだという幻想を日本人女性たちに植え込んだ。戦争花嫁として海を渡った国際結婚が多かったように、占領軍が引き揚げた後も、沖縄が本土復帰した1972年頃まで米軍基地周辺で起こる日本人女性と米国籍男性の国際結婚件数は1,000件台が続いたが、低成長期に入ると1,000件を割り込んだ。再び、米国籍男性との婚姻件数が1,000件を回復したのは、バブル経済が崩壊する直前の1990年である。

国際結婚から見ると、日本社会の大きな転換点は1985年である。前述したように、国連が採択した女性差別撤廃条約を批准したため、日本政府は男女平等の権利を与える必要に迫られた。そのおかげで、国際結婚をした日本人女性が産んだ子どもにも国籍が継承できる父母両系主義へと法律が改正された。それが1985年に施行された「国籍法及び戸籍法の一部を改正する法律」である。

女性差別撤廃条約は、もうひとつの「男女平等」をもたらした。それは、「男女雇用機会均等法」の成立（85年成立、86年施行）である。「機会均等」の確保は、ジェンダー間の均等のように見えるが、同一ジェンダー内の格差を前提とし、4大卒で意欲と能力のある女性を男性企業社会が選ぶという点において、機会は決して均等になったわけではない。その後、育児休業法の制定や各種少子化対策が実施されるも、均等法施行から20年経過した今日、若年層の夫婦ともにフルタイムの共働き世帯は減少し続けている（『平成17年版国民生活白書』）。

日本の国際結婚史上、1985年は日本人男性の国際結婚が急増する時期である。その年、山形県のある町がいわゆる「農村花嫁」をフィリピンから迎えた。地方自治体が主導した国際結婚がクローズ・アップされるようになり、社会問題化した。山形で精神科医として多文化外来を提唱した桑山紀彦は、その著書において、外国人配偶者を迎え入れる日本人男性の母子密着度の高さが、フィリピン人女性だけでなく、山形へ嫁いだ外国人女性の精神状況に及ぼす影響について再三指摘している[6]。高度経済成長期を通して広がった地方

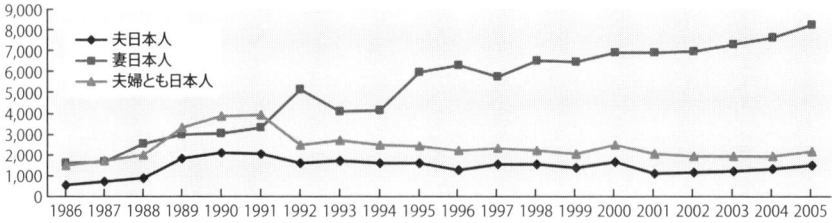

図2●海外における日本人の婚姻件数

出典●『人口動態統計』（厚生労働省大臣官房統計情報部保管表）より作成。

と都会の格差、南北の格差、ジェンダーとエスニシティの格差など、複合的格差要因がそこにはあった。また、人身売買だという都会からの非難と、共同体維持のための最終手段であるという地方自治体の正当化と、「よりよい生活を求めてきただけだ」という女性の主体性が連結した。

一方、日本人女性が、日本人男性にハイパガミー先を国内で見出せないという限界が訪れたのは、バブル崩壊後であったと考えられる。前述のように、日本において米国籍男性との国際結婚が再び1,000件台になったのが、1990年であった。日本国内のみならず、図2からわかるように、平成不況期に突入する1991年以降、日本人女性の海外での国際結婚は増加し続けている。一方、日本人男性の国際結婚は、海外ではさほど増加していない。

オードリー・コバヤシは、「ジェンダー問題〈切り抜け〉としての移民」としてカナダに結婚移民として渡航する日本人女性の国際結婚の増加を分析しているが、「主婦化」戦略のひとつとしての国際結婚の可能性のほうが高いのではないだろうか[7]。日本人女性にとって、バブル経済の崩壊は、「主婦化」させてくれるハイパガミー先を保障する日本人男性の減少を意味した。むろん、男女差別が制度化されている日本社会の中で自己実現ができないと感じる有能な日本人女性たちが、ジェンダー問題を切り抜けるために海外流出する側面を否定するつもりはない。2005年に届けられた海外での国際結婚のうち、日本人女性の配偶者である外国人夫の国籍別割合を見ると、「その他」が4割で最も多く、3割が「アメリカ」で「イギリス」をあわせると4割が米英である。「その他」の詳細は厚生労働省の資料からはわからない。海外における日本人女

6) 桑山紀彦『国際結婚とストレス——アジアからの花嫁と変容するニッポンの家族』（明石書店、1996年）、同『ジェンダーと多文化——マイノリティを生きるものたち』（明石書店、1997年）、同『多文化の処方箋——外国人の「こころの悩み」にかかわった、ある精神科医』（アルク、1999年）。
7) オードリー・コバヤシ「ジェンダー問題〈切り抜け〉としての移民——日本人女性のカナダ新移住」岩崎信彦＝ケリ・ピーチ＝宮島喬＝ロジャー・グッドマン＝油井清光編『海外における日本人、日本のなかの外国人——グローバルな移民流動とエスノスケープ』（昭和堂、2003年）、嘉本伊都子『「あるかもしれない」時を求めて——カナダ・モントリオール在住国際結婚のケース・スタディ（前編）（後編）』現代社会研究（京都女子大学現代社会学部紀要）9号（2007年）93〜119頁、10号（2007年）77〜104頁。

表●主なアジア諸国のTFR（合計特殊出生率）

	1970	1975	1980	1985	1990	1995	2000	2005
日本	2.13	**1.91**	1.75	1.76	1.54	1.42	1.36	1.26
韓国	4.5	3.3	2.7	**1.7**	1.59	1.65	1.47	1.08
香港	3.29	2.67	2.05	**1.49**	1.27	1.3	1.02	0.96
タイ	5.02	4.4	2.9	2.17	**1.85**	1.78	1.9	1.9
シンガポール	3.07	2.07	**1.82**	1.61	1.83	1.71	1.6	1.25
台湾	4	2.83	2.52	**1.88**	1.81	1.78	1.68	1.12

出典●『平成17年版少子化社会白書』『平成19年版少子化社会白書』より作成。

性の国際結婚の増大は、90年代にグローバリゼーションが加速するなか、国内外において国際結婚という形態の「再生産労働のアジア人女性化」が進んでいることと同時進行の現象である。

4. アジアの中の日本——グローバル・ハイパガミーと再生産労働力の移動

(1) 少子・高齢社会の東アジアと国際結婚

1985年は、日本社会にとってもアジア各国にとっても大きな転換点であった。

表は、「主なアジア諸国の合計特殊出生率」（以下、TFR）である。TFRとは、15歳から49歳までの女子の年齢別出生率を合計したもので、1人の女子がその年次の年齢別出生率で一生の間に子どもを産むと仮定したときの平均子ども数である。TFRが人口置き換え水準の2を切ると、その社会の人口は同じ規模を再生産できず、人口減少社会へと向かう。TFRが2を切ったタイミングを太字で示してみると、近年国際結婚が急増している韓国や台湾、さらに香港が1985年に2を下回っている。1988年にカナダのトロントで開催されたサミットの経済宣言で新興工業経済地域（NIEs: newly industrializing economies）と呼ばれた国々（韓国、台湾、シンガポール、香港）が、輸出産業を軸として急速に工業化を遂げ、高い経済成長率を達成した時期である。日本は、韓国や台湾よりも早く、1960年代に高度経済成長を遂げたため、TFRが2を切るタイミングは10年早く1975年である。TFRが2を切ったタイミングの10年後に日本における国際結婚の急増が（1985年頃）みられたことを考慮するならば、台湾や韓国の国際結婚の急増は、1995年頃であったのではないかと予想できる。

日本が高度経済成長を成し遂げている最中に国際結婚は増大しなかったように、おそらく、台湾・韓国も経済の発展が著しい1980年代後半、国際結婚は増大していなかったのではないだろうか。2000年代に入って成長の著しい中国では、中国人男性と外国人女性の国際結婚はさほど増加していないと考えられる。

アジアの中では先頭を切って経済大国2位まで登りつめた日本が、最もその国の婚姻のうち国際結婚の占める割合が高いのではないかと思われるかもしれない。だが、国際結婚が婚姻全体に占める割合が2005年時点で最も高いのは台湾(20%)、次いで韓国(13.6%)、日本の順である。日本人同士の婚姻が90%、日本人男性の国際結婚は5％、日本人女性の国際結婚はわずか1％、残りの4％は、妻も夫も外国籍である場合の結婚である。国際結婚が占める割合は日本が、3カ国中最も低い。なぜ、グローバル・ハイパガミーの公式どおりにならないのであろうか。この問いを解明するには、それぞれの国の国際結婚当事者、当事者の能動的行動をサポートするNGOやNPO、そして研究者間の、相互理解の努力と連携が不可欠である。

(2) セクシュアリティの充足と再生産労働の補充

日本、台湾、韓国における国際結婚で共通している点がある。いずれの国も男性のほうがより国際結婚をしているという点。いずれの国も、外国籍女性配偶者で占める割合が高いのは「中国籍」であるということである。台湾は、同一エスニシティである可能性も高い。韓国も、朝鮮族という同一エスニシティが多い。日本のみ、エスニシティが異なる。この同一エスニシティの越境が、台湾、韓国に及ぼす影響は大きい。

日本は、1990年の入管法改正により、日系人が「定住ビザ」や「日本人の配偶者等」で就労に制限のない滞在を許可されるようになった。2005年の国勢調査では、韓国・朝鮮籍が外国人人口の30％、中国が22.3％、ブラジルが13.8％、フィリピンが8％となっている。同一エスニシティという意味では、ブラジルなどの日系人が最も近いが、それが急激な国際結婚の増加には結びついていない。むしろ、夫婦とも外国籍のカップルの増加につながっている。

日本が台湾や韓国と大きく異なる点は、日本政府が、日本人男性のセクシュアリティの充足に貢献する興行ビザを制度化していることである。日本においてフィリピン人女性との国際結婚が多いという、韓国や台湾では見られない日本の特殊事情をつくり出している。日本政府が、興行ビザを20代前後の若いフィリピン人女性に大量に発行し、日本人男性との出会いをいわゆるフィリピン・パブで提供し続けた結果、2000年と2005年の国勢調査結果を比較すると、日本人男性の場合は、フィリピン人女性との世帯が多く、00年・05年とも3割を占めている。05年には中国籍が韓国・朝鮮籍を上回り26.4％と、2.8ポイント増加した。これら3カ国で00年には83.2％を占め、05年では77.2％と7割から8割を占める。国勢調査では、ブラジル国籍を配偶者とする日本国籍の男女は2〜3％を占めるにすぎない。

2000年に国連で採択されたいわゆる「人身取引議定書」(外務省による略称)に署名したため、日本政府は「人身取引対策行動計画」(2004年12月7

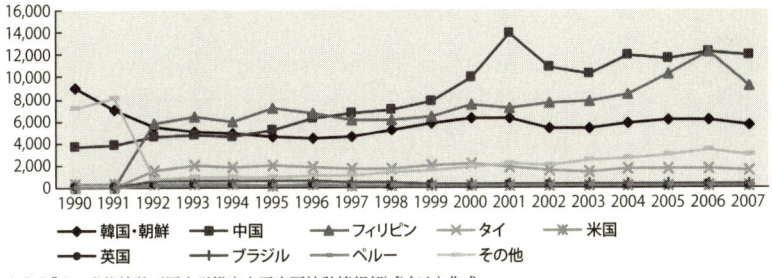

図3●日本人男性の国際結婚(外国人妻の国籍別年次推移)

出典●『人口動態統計』(厚生労働省大臣官房統計情報部)各年より作成。

日)を出し、法務省は「興行」資格審査の厳格化を決めた。興行ビザの外国人登録者数において2004年の時点で約5万人いたフィリピン国籍者は、2006年には約14,000人へと激減した。一方、図3から、04年頃からフィリピン女性の国際結婚が増加していることがわかる。

2000年代に入って、中国籍女性と日本人男性の国際結婚は毎年1万件以上ある。中国は、一人っ子政策に着手してから40年近くが経過している。この間、生まれてくる男女の性比が男性に偏りながら人口が減少し続けている。近い将来、未曾有の結婚難が中国人男性に起こる。日本、韓国、台湾において毎年、計約4万人規模の「中国人花嫁」が国際結婚しているという事実は、さらに中国人男性の結婚難に拍車をかけるであろう。

セクシュアリティの充足が健全でない社会は、人身売買目的の誘拐または結婚、性的な犯罪の増加、性病の発生と感染の増大を招くおそれがある。

5. おわりに

国際結婚と日本社会を概観してきた。また、国際結婚による移住女性の大半がアジア人女性であることは、少子高齢社会に直面する日本、韓国、台湾でも同じであることを確認した。つまり、外国人女性が移住先の国の男性の子を産み、国民の再生産が暗黙のうちに期待されている。3カ国とも同質性が高く、民族意識も強い。そのような社会における国際結婚を通して人権を考えるとき、常にそれは移動してくる他者の問題ではなく、自分たちの問題であることを痛感する。

《参考文献(注や本文で示したものは除く)》
・Constable, Nicole edt, 2005 Cross-Border Marriages: Gender and Mobility in Transnational Asia, University of Pennsylvania Press
・金英達「日本の朝鮮統治下における『通婚』と『混血』——いわゆる『内鮮婚姻』の法制・統計・政策について」関西大学人権問題研究室紀要39号(1999年)1〜46頁
・施昭雄=陳俊良=許詩屏=桂田愛「台湾における外国籍及び中国大陸籍配偶者の現状とその展望」『福岡大学研究部論集A 人文科学編』(2007年)139〜154頁

- 施＝陳＝許＝桂田「中国大陸及び東南アジアの外国籍配偶者移民の背景から考察する『新台湾之子』の教育問題とその対策」『福岡大学研究部論集A 人文科学編』(2007年)121〜138頁
- Seol, Dong-Hoon "Women Marriage Immigrants in Korea: Immigration Process and Adaptation"『亜太研究論壇』(台湾台北中央研究院人文社会科学研究中心第33期)(2006年)
- 宿谷京子『アジアから来た花嫁——迎える側の論理』(明石書店、1988年)
- 田中宏『戦後60年を考える——補償裁判・国籍差別・歴史認識』(創史社、2005年)
- 渡辺雅子「ニューカマー外国人の増大と日本社会の文化変容——農村の外国人妻と地域社会の変容を中心に」宮島喬＝加納弘勝編『国際社会2 変容する日本社会と文化』(東京大学出版会、2002年)15〜39頁
- 山田昌弘『結婚の社会学——未婚化・晩婚化はつづくのか』(丸善、1996年)
- 安富成良＝スタウト梅津和子『アメリカに渡った戦争花嫁——日米国際結婚のパイオニアの記録』(明石書店、2005年)
- ガントレット恒子『七十七年の想ひ出——伝記・ガントレット恒子』(大空社、1989年)
- 二宮正人『国籍法における男女平等』(有斐閣1983年)
- 木村毅『(普及版)クーデンホーフ・ミツコ伝』(鹿島出版会、1976年〔初版1971年〕)

国際離婚と親権問題

　2008年8月、カナダのトロントにあるジャパニーズ・ソーシャル・サービスを訪問した。「国際結婚ワークショップ」に向けての準備の会合が行われ、そこで話題となったのが、「国際的な子の奪取の民事面に関するハーグ条約」(以下、子の奪取条約)であった。カナダは、1979年にこの条約締結に向けて努力した4カ国のひとつであり、日本においても、カナダ大使館で2005年12月3日に「子の奪取条約」についてのセミナーを開いている。

　日本政府は批准していないが、2008年6月にジュネーブの国連人権理事会本会議において、日本政府はUPR(普遍的・定期的レビュー)審査において各国政府から示された26項目の勧告についての対応を明確にし、子の奪取条約への「締結の可能性」を検討することを表明したばかりであった。日本政府に条約を批准することを勧告したのは、カナダとオランダである。この条約批准に対してカナダ在住の国際結婚家庭において関心が高いのは、国際結婚の破綻により子を日本へ連れ帰った日本人母親のケースが少数ではないことを知っているからである。

　北米では、離婚に際して弁護士を立て、共同監護権をどのように配分するかを決める。しかし、裁判文化に慣れていない日本人女性のなかには、弁護士費用や裁判で不利になることを恐れ、離婚すら未解決のまま夫に相談もせず(DVを恐れ相談できない場合もある)、日本へ子どもを連れて帰国してしまう人がいる。夫からすれば、妻による子の誘拐であり、まさに「国際的な子の奪取」ということになる。

　2008年9月2日の読売新聞によれば、カナダから日本に連れて行かれたこのような未解決ケースは30件で、国籍別にみると最多。米国から日本への同様のケースは、47件と報道している。在日アメリカ大使館のホームページには、M.T.ポンド米国国務次官補代理(2007年当時)のインタビュー記事が掲載されている。子の連れ去りは父親、母親のどちらが多いのか、日本人の多くは子どもは母親といるほうがよいと考えているが、米国ではどうかという質問に対して、子どもを連れ去る親は、ほぼすべて日本人の母親であると指摘している。

　国際私法、とくに家族に関する法は文化的な規定を多く含む。ムスリム男性と国際結婚した日本人女性は、「子は父親に帰属するのがムスリム文化」だとする夫の子の連れ去りに対して、泣き寝入りせざるをえないという逆のケースも起こる。だが、日本では、「母子家庭」という言葉が象徴するように、母親が引き取るのが当然という文化がある。実際に子の面倒をみる〈監護者〉と法律上の〈親権者〉とを分けて妥協を図る例は4%しかない。80%の子が母親に引き取られている(湯沢擁彦『データで読む家族問題』〔日本放送出版協会、2003年〕)。国際離婚に伴う親権文化の相違は、誰の人権を守るべきなのかという問題をつきつける。

　　　　　　　　　　　　(嘉本伊都子)

Beyond Complexity in Cultural Diversity: Filipina-Japanese Intermarriages

フィリピン・日本結婚のありようとこじれ
日本男性の変化と離婚を中心に

佐竹眞明●SATAKE Masaaki

1. はじめに

　フィリピン女性と結婚して18年経った。妻の出身地ネグロス島で挙式したのが1990年9月。その後、四国で結婚生活が始まった。当初、フィリピン女性と結婚した男性と出会う機会はあまりなかった。だが、90年代、フィリピン女性と結婚する日本の男性は増えた。四国でもたくさんの日比夫婦と知り合った。2005年4月、私たちは愛知県に引っ越したが、新天地でも日比夫婦との出会いは続いている。

　この18年あまりを振り返り、日本におけるフィリピン・日本結婚（以下、日比結婚と表記）の概要を見てみよう。そのうえで、日比結婚のありようを男性の対応・変化を中心に論じ、増えてきた離婚にも触れる。最後に、日比結婚における新しい家族モデルに触れたうえで、国際結婚に対して、行政、NPO、有志、当事者が取り組むべきことを論じる。

2. 日比結婚の概要

(1) 概要

　日本における国際結婚に関する統計にフィリピンが登場したのは1992年だった（**表1**）。それまでは「その他の国」として分類されていた。初めて一国として集計数が示された92年、フィリピン女性と日本男性との結婚は国際結婚で最多となっていた。次いで、韓国・朝鮮、中国が続いた。97年までフィリピンがトップで、その後、中国女性との婚姻が1位となった。最新の統計（2007年度）で見ても、フィリピン女性と日本男性との婚姻は9,217件で、中国女性と日本男性との婚姻11,926件に次ぎ、数として2番目である。

　他方、フィリピン男性と日本女性との結婚は2007年162組で、日本男性とフィリピン女性との結婚の約50分の1である。

　さて、1980年代半ばから日本男性とフィリピン女性との婚姻が増えた。結婚の回路としては、農村結婚、そしてフィ

表1●日本における婚姻件数、年次・夫妻の国籍別（1985〜2007年）

	国籍	1985年(昭和60)	1990年(平成2)	1992年(平成4)	1995年(平成7)	2000年(平成12)	2004年(平成16)	2005年(平成17)	2006年(平成18)	2007年(平成19)
	総数	735,850	722,138	754,441	791,888	798,138	720,417	714,265	730,971	719,822
	夫妻とも日本	723,669	696,512	728,579	764,161	761,875	680,906	672,784	686,270	679,550
	夫妻の一方が外国	12,181	25,626	25,862	27,727	36,263	39,511	41,481	44,701	40,272
	夫日本・妻外国	7,738	20,026	19,096	20,787	28,326	30,907	33,116	35,993	31,807
	妻日本・夫外国	4,443	5,600	6,439	6,940	7,937	8,604	8,365	8,708	8,465
	夫日本・妻外国	7,738	20,026	19,096	20,787	28,326	30,907	33,116	35,993	31,807
妻の国籍	韓国・朝鮮	3,622	8,940	5,537	4,521	6,214	5,730	6,066	6,041	5,606
	中国	1,766	3,614	4,638	5,174	9,884	11,915	11,644	12,131	11,926
	フィリピン	…	…	5,771	7,188	7,519	8,397	10,242	12,150	9,217
	タイ	…	…	1,585	1,915	2,137	1,640	1,637	1,676	1,475
	米国	254	260	248	198	202	179	177	215	193
	英国	…	…	99	82	76	64	59	79	67
	ブラジル	…	…	645	579	357	256	311	285	288
	ペルー	…	…	138	140	145	137	121	117	138
	その他の国	2,096	7,212	762	990	1,792	2,589	2,859	3,299	2,897
	妻日本・夫外国	4,443	5,600	6,439	6,940	7,937	8,604	8,365	8,708	8,465
夫の国籍	韓国・朝鮮	2,525	2,721	2,804	2,842	2,509	2,293	2,087	2,335	2,209
	中国	380	708	777	769	878	1,104	1,015	1,084	1,016
	フィリピン	…	…	54	52	109	120	187	195	162
	タイ	…	…	13	19	67	75	60	54	68
	米国	876	1,091	1,350	1,303	1,483	1,500	1,551	1,474	1,485
	英国	…	…	168	213	249	339	343	386	372
	ブラジル	…	…	152	162	279	268	261	292	341
	ペルー	…	…	56	66	124	122	123	115	127
	その他の国	662	1,080	1,065	1,514	2,239	2,783	2,738	2,773	2,685

注●フィリピン、タイ、英国、ブラジル、ペルーについては1992（平成4）年から調査しており、1991（平成3）年までは「その他の国」に含まれる。一部年度を省略。
資料●厚生労働省統計情報部「人口動態統計」各年より。

リピン女性の日本への出稼ぎ労働が挙げられる。

(2) 農村結婚

1980年代半ば、過疎化に悩む農村の自治体が結婚業者と提携し、村の男性とフィリピン女性との婚姻を成立させた。人口流出、人口減に直面した村役場、町役場が花嫁不足を解消させるため、日本の結婚業者と協力して、村の男性にフィリピンを訪問させ、現地で見合いをさせたのである。出会って数日、早い場合は翌日に婚約を決めた後、いったん日本の男性が帰国し、双方準備を整える。1カ月後、男性が結婚業者とともにフィリピンを再訪し、挙式する。町・村役場の助役や職員が現地まで同行し、集団結婚式を挙げる場合もあった。

始まりは山形県西村山郡朝日町だっ

た。1985年8月から1986年9月までに9組の婚姻をまとめた。フィリピンから農村花嫁、国際結婚！というニュースは過疎化、嫁不足に苦しむ全国の農村から熱い視線を浴びた。そして、同じ山形県の最上郡大蔵村も朝日町に倣い、1986年8月から9月の2カ月間に村の男性10人とフィリピン女性10人との結婚をとりまとめた。さらに、四国の徳島県三好郡（現・三好市）東祖谷山村でも役場が業者と提携し、1987年8月村の男性6人とフィリピン女性6人との結婚を成立させた。北部ルソンの町で集団お見合いパーティを開いての婚姻だった。

その後、秋田、新潟などでも自治体、教育委員会、市町村議会議員らが関与して、過疎化地域の男性とフィリピン女性との結婚をまとめていった。しかし、1990年フィリピンでオーストラリア在住男性とのいわゆるメール・オーダー・ブライド（郵便による花嫁注文＝結婚仲介）が禁止される過程で、日本人との集団お見合いも禁じられた。この仲介はオーストラリアの結婚仲介業者がフィリピン女性を豪州男性に紹介したもの。だが、男性によるフィリピン女性への虐待・暴力が頻発し、比豪間で問題になった。フィリピン政府は女性の人権を保護すべく、「メール・オーダー・ブライド」や類似の結婚紹介を法律で禁止した。こうして、フィリピンでの見合い結婚が難しくなると、日本の結婚業者は韓国、中国、ベトナムの女性を村の男性に紹介するようになった。ただし、現在、農村、都市を問わず男性にフィリピン女性を紹介する結婚業者は依然存在する。

また、マスコミなどからアジア女性を商品化する人身売買（男性は結婚仲介業者に諸費用として百数十万から300万円を支払う）、不自然なインスタント結婚との批判が強く、行政が結婚を仲介することについて論議が生じた。そのため、1990年代になると自治体は仲介業者との直接的な協力・提携を見送るようになった。もっぱら民間の業者が結婚を斡旋するようになったのである。

(3) フィリピン女性の日本への出稼ぎ労働

1980年代半ばから、日本のパブ、クラブ、バーで歌手・ダンサーとして働くフィリピン女性が増えていった。日本の「出入国管理及び難民認定法」上、「興行」（エンターテイメント）ビザを発給され、女性たちは歌手・ダンサーとして来日したが、ショーの幕間は接待をさせられた。つまり、客と談笑しドリンクを注ぎ、一緒にカラオケを歌うように店から指示されたのである。歌謡や舞踊は付け足しで接待ばかりという例も多かった。フィリピン政府側は彼女たちの海外就労にあたって、歌や踊りのオーディションを課し、海外芸能アーティストという資格を取得させた。だが、労働の実態はほぼ接待という状況は日比政府双方にとって公然の事実だった。

出入国・就労資格と実態との乖離、また、それを容認する日比両国政府に対しては批判があった。それでも毎年

何万人にも及ぶフィリピン人エンターテイナー女性の来日は20年あまり続いた。多い年には年間8万人に上った（2003年80,048人、2004年82,741人）。しかし、2004年、日本へのエンターテイナー出稼ぎが国際的人身売買のルートとして利用されていると米国国務省が批判。慌てた日本政府は2005年、外国人エンターテイナーの入国を規制し、フィリピン女性の出稼ぎも激減した（2005年47,765人、2006年8,607人、2007年5,533人）。

こうしたフィリピン女性の就労が日本男性との結婚とのきっかけとなった。6カ月就労の興行ビザで来日した女性たちは歌って踊れ、明るい。エキゾチックな魅力に日本の男性たちが魅了されていった。日本各地でフィリピン・パブは人気を博した。店に通う男性と、店で働くフィリピン女性。男性のなかには独身者もいたし、妻帯者もいた。どちらにせよ、店で出会ったフィリピン女性に惚れ、帰国した女性を追いかける。フィリピンの親御さんの了解を得て、結婚。そして、女性に来日してもらう。拙著（佐竹＝ダアノイ、2006）で調べた範囲でも、60組のフィリピン女性・日本男性夫婦のうち、36組＝6割において、日本のパブが出会いの場となっていた。

(4) その他の回路と結婚の類型

日本人と結婚したフィリピン女性が母国の姉妹、いとこ、友人を知り合いの日本男性に紹介することもある。夫婦里帰りの際、男性を連れて紹介する。これは日本へ移住したフィリピン女性が別の女性を引き寄せる意味で、連鎖移民（chain migration）と呼べる。

また、フィリピンに短期出張または長期滞在し、フィリピン女性と知り合う。そして、デートし、付き合ってから結婚するパターンもある。これは農村結婚の「見合い型」、出稼ぎ女性との婚姻という「追っかけ型」タイプとは異なる。フィリピン女性による「紹介型」とも違う。「デート・恋愛型」と呼べよう。

(5) 再婚と偽装結婚

前述のように、現在、フィリピン女性と日本男性との婚姻は日中結婚に次いで、依然2位である。日本への出稼ぎが減った、つまり、出会いの場が減ったにもかかわらずである。結婚業者やフィリピン女性による紹介、日本男性のフィリピン滞在などに加えて、フィリピン女性の再婚やいわゆる偽装結婚も指摘できよう。再婚については、日本男性や在日の日系ブラジル人と離婚したフィリピン女性が日本の男性と再婚する例などがある。また、偽装結婚とは、パブなどの店やリクルーターがフィリピン女性と日本男性との結婚を偽装し、入国させるというもの。とりわけ2005年以降、フィリピン人エンターテイナーの入国が厳しくなってから増えてきたようである。いくつか例を紹介する。

① 興行ビザを取得し働いていたフィリピン女性に店が日本の男性を紹介。女性の帰国後、男性が日本で婚姻届を出す。その後、日本人の配偶者という資格で女性が日本へ来日。女性は再び店で働き、男性と同居し

ない。2年間の婚姻契約だと、女性は男性に頭金30万円を払ったうえ、月5万円を2年間払う。3〜4年間の偽装婚姻契約もあるが、頭金、月の支払いはほぼ同額である(白野、2007：69)。

② 中部ルソン・パンパンガ州の女性が日本でエンターテイナーとして働くため、マニラの派遣業者に応募した。業者は彼女に「日本人雇用者」を引き合わせ、すぐ結婚するように指示した。女性は配偶者ビザを約束され、結婚した(CFO, n.d.：1)。

③ マニラのフィリピン人派遣業者によると、800人のタレントを抱えているが、20％は配偶者ビザにより日本へ渡ったという。日本人のまとめ役がいるそうだ(de Castro, n.d.)。

愛知県でも偽装結婚を通じて来日し就労、2年間、男性やリクルーターに毎月一定額を払ったフィリピン女性に会ったことがある。その後、「離婚」し、あらたに知り合った日本男性と結婚したという。2008年秋以降、経済不況のなか、偽装結婚により収入を得ようとして、フィリピン・パブを訪れる男性が増えたという話も聞く。

3.日比結婚のありよう——男性の対応・変化を中心に

日比結婚の実情はどのようなものか。男性の対応・変化を中心に見てみよう。2006年11月3日、京都の「キャンパスプラザ京都」で開かれた「日本・フィリピン友好フォーラム——ピスタハン・サ・京都2006」(以下、ピスタハンと略す。ピスタハンとはフィリピン語で「祭り」の意味)で伺った話を含めて紹介する。ピスタハンはフィリピンと日本との国交回復50周年を記念して「ピスタハン・サ・京都2006実行委員会」が主催した。企画のひとつとして「フィリピン・日本人の家族・夫婦あつまれ」という集いが持たれ、日本人や在日韓国人男性とフィリピン女性の夫婦約20組らが参加し、大変なこと、楽しかったこと、いい関係を築くにはどうしたらいいか、について話し合った。私も司会・進行役として参加したので言及したい。

(1) 感情の表現

以心伝心という。フィリピン人と日本人の夫婦でもその場の雰囲気から相手の気持ちを察することはある。しかし、とくに結婚当初、お互いの性格がつかみにくい。言葉も通じにくい。よって言葉をよく発してコミュニケーションをとる必要がある。さらに、はっきりした愛情表現を求められることもある。

マニラに青年海外協力隊の日本語教員として派遣された知人が以前こう言っていた。「フィリピン人と結婚すると、毎朝、出勤前に『アイ・ラブ・ユー』と言って、キスしなきゃいけない。これは苦手だな。だからフィリピン人との結婚は考えなかった」。

では、結婚した人はどうか。ピスタハンの集いでは、フィリピン女性との結婚2年目を迎えた大阪・生野区の在日3世の韓国人男性がこう発言した。「職場

の同僚の男性と車に乗っていて、妻から携帯電話がかかってくる。『アイ・ラブ・ユー』と言うのが恥ずかしいから、言いたくないと思うけど、言わないと後で問題になるかなと思って、『アイ・ラブ・ユー』って言っている」。

これに対して、フィリピン女性と婚姻して31年目という大学の数学教員（在名古屋）はこう指摘した。「奥さんには次の3つを言わないとだめだよ。『アイ・ラブ・ユー』、『ダーリン』、『スイート・ハート』」（一同笑い）。

会場のフィリピン女性も夫婦間では愛情表現を豊かにしたほうがいいと口をそろえる。フィリピンの職場では夕方、妻の職場に夫が迎えに来て、腕を組み一緒に帰宅する。夫婦仲がいいことを他の人に示すのが当たり前。フィリピン滞在中、そういう風景をよく見かけたものである。

日本では、男性は黙って感情を抑制したほうがいいと社会的に教えられる。「男だったら泣くな」と言われて育てられる。そうした社会化もあって、日本の男性は愛情表現も惜しみがちになる。しかし、日比結婚においてはそうした流儀はなかなか通用しにくい。

(2) **フィリピン好き＝文化の尊重**

ピスタハンの集いには、青年海外協力隊員としてフィリピン・ミンダナオに赴任した経験がある男性も来ていた。同地で知り合った女性と結婚し、子どもが3人。現在、名古屋のある大学で農学を教えている。「愛があれば大丈夫、なんてモノではない。よく突き詰めてから結婚しなければならない。自分の責任で結婚する。そして、結婚がうまくいくには旦那さんはフィリピン好きでなければいけない」。

ところが、フィリピン女性側から、「フィリピン料理を食べない日本の夫もいる。せめて一口ぐらい食べてほしい」という声が出た。フィリピン料理を食べない夫には日本の料理を準備し、自分向けにはフィリピン料理を作るという話を私も以前聞いたことがある。

他の男性側の発言はこんな感じだった。結婚17年目の京都の男性。彼には中学3年、中学1年、小学6年の子どもさんがいる。「食べ物は80％、受け入れました」。

結婚9年目という大阪の大学教員。「フィリピンに滞在していましたから、フィリピン料理には抵抗ありません」。彼はマニラの日本大使館に専門調査員として2年間勤務したことがある。

さらに、文化に関連して、キリスト教信仰の話が出た。フィリピンでは人口の85％がカトリック信徒であり、日本在住のフィリピン女性にもカトリックが多い。前述の京都の男性は言う。「子どもは全員、カトリック教会で洗礼を受けました。うちは京都の教会に行っています」。前述の大阪の大学教員は「教会は大事です。ミサは日本語ですが、毎週行っています。精神的に落ち着く場所です」と言う。フィリピンの信仰を尊重した姿勢がうかがえる。

私たち夫婦もかつて香川県高松市のカトリック教会に何度か通ったことがある。フィリピン人の妻がミサに出席して

いる間、外の車で待っている男性もいたが、一緒にミサに出ている男性たちもいた。カトリックの洗礼を受け、フィリピン人で構成される教会の音楽隊に加わった男性もいた（佐竹＝ダアノイ、2006：111）。

(3) 違う文化

前述の数学教授は長年の経験から「フィリピン女性は違う文化に基づいて行動すると考えたほうがいい」と言う。この点で私が思いつくのは、拡大家族的傾向の強い文化である。フィリピン人と結婚するときは相手だけでなく、その家族と結婚することになると聞いたことがある。つまり、フィリピン人は家族・親族関係が密なので、フィリピン人との婚姻はその家族一族との紐帯を結ぶことに等しいという意味である。結婚しても、フィリピン人の妻は母国の親だけでなく、兄弟姉妹にも送金し、兄弟姉妹の子ども、つまり姪や甥の学費を支えることもある。国境を越えて親族の絆は続くのである。他方、日本の男性は一般に核家族的傾向が強く、結婚後は家族といえば、自分と妻、子どもだけで十分だと考えがちである。

四国で聞いた話だが、ミンダナオの女性と結婚した自衛隊員の男性が妻の実家を訪れたという。彼によると、「みんなで海に行く。すると、いとこのいとこがついて来る。妻に聞くと名前は知らないと言う。親や兄弟の分はお金を出していいけど、名前も知らないいとこの分まで負担するのは納得がいかないんです」。

これに対して、同席した友人（マニラの女性と結婚）が発言した。「フィリピンではお金を持っている人が払う。国際親善だと思ったらいいんですよ」。国際親善、これは寛容の精神と言い換えられる。筆者自身、フィリピンの親戚との関係では、どの程度までサポートしたらいいか迷うことがある。肉親の病気、生活が苦しい家族を抱えた義弟や義妹への支援、そのあたりが一応の基準だが、あとは臨機応変である。

いずれにせよ、「違う文化」をどう考え対応するか。これも日比結婚における一課題である。

(4) 家事分担

1987年、徳島・東祖谷山村の男性と結婚したフィリピン女性は語る。「あるときな、村の女の人から集まりがあるからって呼ばれた。きれいな服を着て行ったら、お葬式だったの。女の人だけ、料理して、盛りつけて、お膳に出す。男の人たちは飲んで騒いでいるだけ。片づけさえしない。こんなのフィリピンでなかったよ」（2005年7月13日インタビュー）。

東祖谷の別のフィリピン女性もこう言っていた。「日本は男性優位の社会です。妻が家事のほとんどを任され、女性が差別されている。でも私はフィリピン人だから、日本の男性優位、女性の服従という風習に従いません」（1997年6月7日インタビュー）。

フィリピンでは、専門職者、企業や政府機関の管理職者・役職者において女性の割合は日本より高い。確かに低

所得層の女性は中上流層の家庭で家事労働者として働くこともある。中上流層の既婚女性がバリバリ仕事をできるのは、家事労働者がいるからともいえる。だが、家事労働者に家事を指示し、監督するのは女性である。夫は子どもと遊ぶくらいで家事をあまりしない。こうした階級格差を含み込みつつ、あるいは階級格差があるからこそ、企業、官庁、教育機関での女性の地位は高い。そうした母国における女性の地位はフィリピン女性たちの意識に影響を及ぼしているように感じられる。

それだけに、日本の男性と結婚したフィリピン女性たちは夫と平等な関係を築こうとする。家事分担でも、妻が炊事、洗濯をもっぱら担当する家庭は多いが、何でも家事、育児を妻任せにすると、フィリピン女性は抗議する。ピスタハンに参加した女性たちからも「怒鳴る夫もいる。私たちはメイドじゃない。奴隷でもないよ」という声が出た。

男性はどう対応しているか。前述の京都の男性は言う。「日本式のスタイルが壊れています。日本で何でもかんでも家のことをやってもらおうとすると、妻は『私はメイドではない』と言います」。

前述の大阪の大学教員も「うちでも日本式はだめです。私も日本式にしてくれと言わないし、言えない」と言う。さらに、名古屋の数学教授は言う。「フィリピン人との結婚で、亭主関白はあるのだろうか」。

(5) 家族との付き合い

2000年に韓国・ソウルでフィリピン女性からこんな話を聞いたことがある。彼女は韓国のエリート男性と結婚したが、男性は朝早く家を出て、夜遅くまで会社から帰ってこない。休日も一緒に出かけることはほとんどなく、男性は同僚とゴルフ三昧だった。一緒に過ごす時間がなく、結婚生活に意味を見出せず、女性は離婚の道を選んだという（インタビュー：Filipino Catholic Center for Immigrants, Seoul Diocese、2000年3月3日）。

フィリピン女性にとって最も重要な価値観は家族だといわれる（Tancango, 1996:184）。個人よりも家族を中心に考える傾向が強い（Aguilar, 1998:131）。「大抵のフィリピン女性は『家族第一主義』をすばらしいことだと思っている」と述べる日本人の夫もいる（今藤、2004：171）。私自身、12月25日に出張に出かけようとしたら、妻から、「クリスマスに父親が家にいないなんて、クレージー」と言われたことがある。

かつて、高松の教会で知り合った小学校の先生も「フィリピン女性と結婚して、家族を大事にするようになった」と語っていた。「日本人だと仕事と家庭、半分半分とか言います。でも、妻にそういうことを言うと叱られます。仕事と家族、どっちが大事なのと聞いてきます」と言っていた。

また、ピスタハンでは、女性側から「日本のお父さん、授業参観に行かないね。子どものこと、どう思っているのかな」という苦言が出た。

対して、3人の子どもがいる前述の

京都の男性はこう言っていた。「自分が子どもの塾を探しました。学校から来るチラシも私が見ています。子どもが近所のお母さんにいじめられたことがあり、抗議に行きました」。

私が愛知県で知り合ったお父さんたちも家族を大切にしているようだ。エンジニアの男性はタルラック出身の女性と結婚し、大学１年、高校１年、小学４年の息子さんがいる。彼はものづくりが好きで息子たちと一緒に犬小屋を作る。2008年5月の連休には3泊4日、妻と一番下の息子と一緒にタルラックを訪れたという。また、広告会社勤務の男性は、フィリピン女性と結婚し、大学１年と小学６年の娘さんがいる。娘が高校で陸上大会に出場すると、欠かさず競技場まで応援に行った。「自分の世界が広がった」という。妻がモールのフード店で働いており、日曜夕方は娘と連れ立ってモールで食料品を買い、フード・コートで妻を待つ。

男女平等意識が強く、家族を大切にするフィリピン女性の影響を受けて、日本の男性が変わっていく。フィリピン女性は夫とけんかしたり、おだてたり、いろいろな交渉を通じて夫を変えようとする。対して、男性は育児や教育に関わったり、家族との時間を大切にしたりするようになる。そのほうが楽しい。気分転換にもなり、自分の世界も広がる。そんなことに気づいていく。このように、日比結婚では男性の生き方が変わっていくこともある。

4.こじれ・離婚

前掲・拙著によれば、60組のフィリピン女性・日本男性夫婦のうち、刊行時（調査集計は2004年10月）、7組が離婚、1組が夫死別となっていた。その後、2009年1月の時点までに4組がさらに離婚している。なお、国際結婚における離婚統計を別に示しておく（**表2**）。「夫妻の一方が外国人」という国際離婚の増加ぶりが見てとれる。

夫婦・男女関係は微妙なもので、一概には論じきれない。だが、婚姻生活のこじれ・離婚の主な要因を検討してみたい。以下の(2)～(5)は前項の(2)～(5)に対応する。

(1) 夫婦の期待の相違

これは農村結婚で典型的だった。結婚前、フィリピン女性は日本について工業が進んだハイテクの国、というイメージを持っていた。徳島・東祖谷のフィリピン女性から聞いた話では、結婚前、村の助役や職員が持ってきた写真は村役場や中学校を写したものだった。村のなかでも数少ない鉄筋コンクリートの建物である。さすがはモダンな国、日本だとフィリピン女性たちは思った。しかし、来日し、到着したのは山奥の村。夜は星の光と家の光が同じ高さに見えるのでびっくりしたという。

想像と異なった村での生活。言葉の壁もあって、結婚数年で2組が別れた。別の1組は夫が事故で逝去し、女性は3歳の息子を連れ、村を去った。その後、村の縫製工場で働いたフィリピ

表2 ● 日本における夫妻の国籍別に見た離婚件数（1992〜2007年）

国籍		1992年(平成4)	1995年(平成7)	2002年(平成14)	2003年(平成15)	2004年(平成16)	2005年(平成17)	2006年(平成18)	2007年(平成19)
総数		179,191	199,016	289,836	283,854	270,804	261,917	257,475	254,832
夫妻とも日本		171,475	191,024	274,584	268,598	255,505	246,228	240,373	236,612
夫妻の一方が外国		7,716	7,992	15,252	15,256	15,299	15,689	17,102	18,220
夫日本・妻外国		6,174	6,153	12,087	12,103	12,071	12,430	13,713	14,784
妻日本・夫外国		1,542	1,839	3,165	3,153	3,228	3,259	3,389	3,436
夫日本・妻外国		6,174	6,153	12,087	12,103	12,071	12,430	13,713	14,784
妻の国籍	韓国・朝鮮	3,591	2,582	2,745	2,653	2,504	2,555	2,718	2,826
	中国	1,163	1,486	4,629	4,480	4,386	4,363	4,728	5,020
	フィリピン	988	1,456	3,133	3,282	3,395	3,485	4,065	4,625
	タイ	171	315	699	678	685	782	867	831
	米国	75	53	76	75	75	76	60	68
	英国	15	25	33	17	21	28	27	15
	ブラジル	39	47	91	101	103	116	90	100
	ペルー	6	15	45	57	65	59	59	49
	その他の国	126	174	636	760	837	966	1,099	1,250
妻日本・夫外国		1,542	1,839	3,165	3,153	3,228	3,259	3,389	3,436
夫の国籍	韓国・朝鮮	956	939	1,167	1,098	966	971	927	916
	中国	148	198	447	411	502	492	499	568
	フィリピン	33	43	77	84	84	86	105	112
	タイ	4	8	36	43	46	30	39	50
	米国	203	299	364	371	367	398	393	374
	英国	22	40	58	79	63	86	84	61
	ブラジル	3	20	78	72	81	81	98	100
	ペルー	3	7	56	57	56	68	73	70
	その他の国	170	285	882	938	1,063	1,047	1,171	1,185

注● 夫妻の国籍は1992（平成4）年から調査している。一部年度を省略。
出所● http://www.mhlw.go.jp/toukei/saikin/hw/jinkou/suii07/divo2.html

女性も、より自立して稼ぎたいと決心。村を出て、名古屋へ移った。1987年村の男性と結婚した6人の女性のうち、現在、村に残っている女性は2人となった。村の高齢者介護施設で、1人は介護士、1人は給食調理担当として働いている。

(2) 夫が相手の文化を尊重しているか

フィリピン女性と結婚した塾の経営者がいる。四国の造船工場で働くフィリピン男性研修生を集めて、バスケットボール大会を開催するなど、彼はフィリピン人との交流に熱心だった。しかし、彼の口癖は「フィリピン人にはリーダーがいない。だから、私が育てなければいけない」だった。研修生のなかにもリーダー的な存在はいたし、リーダーを中心に労働組合を結成し、会社と交渉し、低賃金状態を改善したほどだった（佐竹、2006）。ここではフィリピ

ン人を見下すような彼の視点だけを指摘しておきたい。その後、彼はフィリピン人の妻と離婚した。詳しい事情は存じていないが、フィリピン人を下に見る視点は婚姻にとってマイナスだろう。

⑶　基本的な価値観の相違

　文化的な相違として、日本男性が核家族的で自分と妻子を中心に考える。対して、フィリピン女性は郷里の親だけでなく、兄弟姉妹、その子どものことも考える。

　名前も知らないいとこの分まで負担するのは納得いかないと語った前述の自衛隊員は、夫婦で大阪に転居後、離婚した。幼い娘さんがいたが、どちらが引き取ったかは存じていない。

　また、別の夫婦の場合、1992年に結婚し、一男をもうけたが、夫は実の父（妻にとっては舅）に収入をすべて渡し、舅が嫁に毎月一定額を渡すという家計形態だった。舅は同居していないし、商売で自活しているので、なぜ夫が稼ぎを舅に渡すのか、なぜ家計の管理を自分に任せないのか、フィリピン人の妻には理解できなかった。夫は自分を信用していないのではないかと妻は感じていた。妻は工場で働き、収入を得ていたが、夫は妻の母国への送金に一切協力せず、妻は常に自分の収入から送金していた。妻の母親が病気でも、夫は援助しなかった。彼はフィリピンにおける親族関係の絆を理解しようとしなかったのである。長らく夫婦は連れ添ったが、2008年、妻は夫と日本で生まれ育った中学3年の息子を残し、母国へ戻った。

⑷　ジェンダー役割

　農村結婚では、外国人女性は家事、育児のみならず、農作業も手伝い、舅、姑の世話をする「よき日本の嫁」の役割を期待されていた。1987年9月、フィリピン女性を迎えた徳島・東祖谷の村長は「村ぐるみで立派な日本人妻として育てたい」とあいさつした（1987年9月5日付徳島新聞）。

　東祖谷の例ではないが、徳島県三好町の男性と結婚したものの、フィリピンに帰国した女性は泣いて、帰国前、こう訴えたという。「家の中の仕事と畑仕事の両方があって疲れる。近所の日本人と友だちになりたいのに、なかなか外出を許してくれない」（1988年6月2日付朝日新聞）。前項⑷で記したように、何でもかんでも妻にしてもらうのはフィリピン式ではないし、日本の鋳型にはめ込むという発想自体に無理があった。

⑸　家族思いか

　日本人の夫がパチンコ好きで毎日働かない。養う子どもが2人いるため、フィリピン人の妻がパブで夜働いて収入を得るようになった。すると、男性客と仲良くしているのでないかと疑い、嫉妬した夫が「お前はそういう仕事が好きなんだろう」と言った。けんかとなり、離婚に至った。別の例では、40代末で退職し、家でぶらぶらしている夫がいた。フィリピン人の妻が夜、弁当工場で働き収入を得ていたが、夫婦関係はギク

シャクしていた。働く気持ちがあれば働けるのに、就労しない。これは誠意の問題である。前項(5)で検討したように、家族を大切に思うフィリピン人からすれば、納得できない。逆に夫が仕事ばかりだと夫婦家族生活は難しい。

⑹　家庭内暴力（DV）

　フィリピン人の妻が子どもに厳しいとのことで、教育方法をめぐり、日比夫婦が口論。夫による妻への暴力に発展した。その後、妻が離婚を求めて、裁判所に離婚調停を申し出た。別の例では夫が妻に暴力を振るい、妻が友人に救助を求め、救出された。妻は友人とともに警察に訴え、その後の生活支援を求め、自治体窓口を訪れた（本書ダアノイ論文で紹介されるKASAPIによる救出事例）。

　⑵～⑸で挙げた要因も原因となり、すれ違い、けんかがエスカレートし、DVに発展していく。被害者は肉体的・精神的な暴力を受け、生命の危険にさえさらされる。日本人同士の婚姻同様、国際結婚においても、DVは夫婦生活の破綻を象徴する。なお、DVを含め、国際離婚については松尾（2005）を参照していただきたい。

5. まとめ

　以上まとめると、日比結婚については、主に文化、ジェンダー、家族に関わる要素が浮かび上がってくる。文化の尊重、異なった文化への対応、家事分担、家族との付き合いといったテーマ・問題である。

　ここで、オーストラリアにおける国際結婚に関するペニーとコーの研究が参考になる。オーストラリア人とアメリカ、オランダ、イタリア、レバノン、インドネシア、中国人との婚姻を調査した研究の中で2人はこう結論づける。国際結婚では2つの文化が入り組む生活に対して、文化的妥協と組合せにより創造的で自らを解放するような解決方法を見つける夫婦もいる。こうした夫婦は文化の違いに寛容になること、もしくは、お互いの文化から要素を選び出し、新しい価値観、行動様式をつくり出すことによって、違いを乗り越えてきた。このような家族モデルは異文化間結婚（cross-cultural marriages）が文化的衝突につながるという想定の危険性を示しているという（Penny and Khoo, 1996:210）。日比結婚でもこじれ・離婚もあるが、文化の尊重、異文化への対応、家事分業、家族関係といった要素において、新しい国際結婚家族モデルが現れつつある。

　さて、こうした家族を支え、ひいては結婚移住女性らの人権を守る意味で、国際結婚に対する取組みがいろいろなレベルで求められる。まず、結婚に関連する多様な問題に関するカウンセリングが必要である。日常コミュニケーションの次元からDVまで含め、事情に即して夫婦一緒もしくは夫妻別々の形態がありうる。さらに、DVについては早急な被害者支援・救済が必要である。また、外国人配偶者向けの日本語、日本文化教室の開催も求められる。初

級のみならず、外国人配偶者の日本における生活の長期化に伴い、読み書きを含む中級レベルおよびそれ以上の日本語教育がなされるべきである。

　他方、外国人と結婚した日本人に対して、配偶者の国の文化や言葉を習う講座を開いたらどうだろうか。フィリピン女性と結婚した男性についていえば、妻の母国の言葉や文化を知り、「フィリピン好き」となり、文化を尊重する姿勢を持ってもらいたいからである。そして、男性にはジェンダー役割や家族との関係を見直すための教育も求められる。家事育児により積極的に関わり、家族とのつながりを大事にする、そうした生き方の大切さ、すばらしさを伝える必要がある。さらに、女性の人権を尊重するジェンダー教育はDVの予防にもつながりうる。

　以上の取組みは国、地方自治体といった行政、非営利団体（NPO）、関心をもつ有志、国際結婚当事者によって行いうる。国際結婚が増加するなかでとくに行政はこうした取組みに積極的になるべきである。そして、「ピスタハン」における集いのように、結婚当事者が集まり、自由に話し、意見や思いを交換する機会を増やしていく必要がある。さまざまな回路が求められる。

《参考文献》
・今藤元『奥様はフィリピーナ』（彩図社、2004年）
・佐竹眞明「多文化共生の平和学を求めて――外国人研修生・国籍条項問題を中心に」平和研究31号（日本平和学会）（2006年）
・佐竹眞明＝メアリー・アンジェリン・ダアノイ『フィリピン――日本国際結婚――移住と多文化共生』（めこん、2006年）
・白野慎也『フィリピーナはどこへ行った』（情報センター出版局、2007年）
・松尾寿子『国際離婚』（集英社、2005年）
・Aguilar, Delia D. 1998. *Toward A Nationalist Feminism*, Quezon City: Giraffe Books
・Commission on Filipino Overseas (CFO), n.d. "An Inquiry on the Conditions of Filipino Women in Filipino-Japanese Intermarriages." Concept paper. (http://www.cfo-antitrafficking.org.ph/downloads/JapanConceptPaper.pdf: Date of access: 28 January 2009)
・de Castro, Isagani, Jr. n.d. Japan Cracks Down on Human Traficking (http://www.newsbreak.com.ph/humantrafficking/story-japan.htm: Date of Access: 19 June 2008)
・Penny, Janet and Siew-Ean Khoo. 1996. *Intermarriage, A Study of Migration and Integration*. Canberra: Bureau of Immigration, Multicultural and Population Research
・Tancangco, Luzviminda G.,1996. "Women and Politics in Contemporary Philippines," University Center for Women's Studies, University of the Philippines, *Women's Role in Philippine History: Selected Essays*, Second Edition, UCWS, UP, Diliman, Quezon City.

入国管理行政と密接にリンクする「偽装結婚」

　日本人と結婚すると、外国人妻（夫）は「日本人の配偶者等」の在留資格を取得できる。在留期間の上限は2009年3月現在では3年で、職種の制限なく働くことができる。さまざまな制限が伴う他の在留資格と比べれば「安定」した条件が保障されるのである。そして、日本在住3年で永住資格、さらには日本国籍取得の申請条件のひとつが整うのである。

　だが、婚姻、および在留資格を得るための手続は煩雑だ。婚姻の成立には、日本および相手の国の法律・規則に基づいて手続を行うことに加え、「日本人の配偶者等」の資格を得てカップルが日本で生活するためには、入国管理局から在留資格認定証明書の交付を受けなければならない。そのためにたくさんの書類の提出が求められるのである。たとえば、結婚に至った経緯、使用言語、結婚式の日時・場所、親族構成などを詳述する質問書、日本人配偶者の納税証明書・在職証明書などだ。

　日本人同士の婚姻ならばまず問われることのないプライバシーが、国際結婚では重要視され、そのカップルだけしか知らない超私的な領域まで「真正の夫婦である証し」として入国管理局に届け出ることが否応なく要求されるのである。

　日本人の配偶者として入国したにもかかわらず、一度も同居せずに就労するといった「偽装結婚」が、国際結婚の増加に伴って増えているとの疑いが当局で強まっている。多くの場合、男女をマッチングさせる仲介ブローカーが介在し、金銭の授受が行われているようだ。そのため、入国管理局は、潜在的な「偽装結婚」を摘発するための監視を行うのである。

　日本国憲法24条は、「婚姻は、両性の合意のみに基いて成立し、夫婦が同等の権利を有することを基本として、相互の協力により、維持されなければならない」と定めている。一方、民法752条は、「夫婦は同居し、互いに協力し扶助しなければならない」と規定し、同居、協力および扶助を義務づけている。これが「真正結婚」と「偽装結婚」を峻別する根拠である。

　婚姻の実態がないと疑われると、刑法157条が定める「公正証書原本不実記載」、同行使などの容疑で摘発・逮捕される。起訴されれば裁判へと持ち込まれるのである。この場合の公正証書とは戸籍簿である。有罪となれば、「5年以下の懲役又は50万円以下の罰金」という重い処罰が科せられる。

　「偽装結婚」が、日本人同士の結婚で問題となるケースはまず聞くことはないが、国際結婚においては、それが事件となり、容疑者逮捕の報道をしばしば目にするのである。

　そのようなことから、日本人同士の結婚と国際結婚との間には明らかにダブル・スタンダードが存在している。国際結婚は、「愛」や「夫婦の親密性」が問われ、あくまでも「真正」でなければならないという法規範が存在するのである。

（藤本伸樹／ヒューライツ大阪）

Tales of Transnational Mothers: Fixities and Flexibilities in Family and Gender Constructs

トランスナショナルな母親たちの物語
家族とジェンダーの概念における固定性と柔軟性

メアリー・アンジェリン・ダアノイ●Mary Angeline Da-anoy

1. 序論

　私が日本に来てから18年になるが、四国、広島、北海道、京都、東京と愛知でさまざまなフィリピン女性と知り合い、多くのことを学んだ。同国人の日本滞在のさまざまな物語を聞くことによって、私がフォーマルな教育を通して知った世界よりもいっそう現実的な世界――私もそのひとりだが移住者の世界――に入ることができた。私が聞いた話、目を覚まさせるような話、恐ろしい話、人生を変えるような話、力を与えてくれる話は、国境、ジェンダー、文化や人種を越えて女性の人生における複雑な問題を形づくるものである。

　本稿はトランスナショナルな母親とそのジェンダーの固定性と柔軟性に関するものである。本稿を書きながら、私は、日本の学校制度に対する失望、いじめのつらい経験、生まれ育った社会に対する幻滅とティーンエージャーとしての人生の経験やアイデンティティの形成のためにフィリピンで勉強することを決めた私の2人の娘について思い出していた。

　彼女たちが去ったことで、私は自分自身が女性として、離れて暮らす母親として、移住者としての苦労について考えざるをえなかった。私の日本における家族は「理想的な、完全で幸せな家族」という評判を得ていた。法的な婚姻関係にある父親と母親、そして子どもが一緒にいたからである。しかしそれは私の子どもたちが去るまでのことであった。その後、娘たちが日本を去った実際の事情を知らない人たちは、私の母親としての人格に対して疑問を投げかけてきた。

　真相を言うと、長女は親友と一緒に、学外の少年少女（総勢6人）の集団に襲われたのである。彼らは彼女の財布、お金と携帯電話を奪った。この事件後、娘は学校に行きたがらなくなり、高校を退学することを決めた。

　次女は他の子どもと一緒に、団地の建物の壁に落書きをしているところを警察に捕まった。次の日、誰かが同じ

場所で火をつけ、彼女に放火事件の容疑がかかった。彼女が通う中学の男子生徒の何人かが彼女を脅していじめた。放火の容疑は警察によって晴らされたが、彼女は学校でそのようなレッテルを貼られてしまった。そのような目で見られることが続き、いじめが悪化するにつれ、学校当局が彼女の「悪い子」としての存在に疲れて迷惑がったことから、彼女は学校に対する関心を失ってしまった。2007年春、私たちは娘たちを休暇としてフィリピンに連れて行った。その後、彼女たちはそこで勉強し、私の親類と一緒に住むことを自分たちで決めたのである。

私の日本人との結婚も厳しい目にさらされ、「忙しく」働く母親および大学院生としての役割も、まるで理想型の崩壊の元凶として見られた。私に対して、娘たちとの距離が離れてしまったことに関する招かれざる意見や批判が投げかけられた。彼女たちが去ってしまった背景は脇に退けられ、私が「理想的な」家族構造に反抗したとして、私に対してレッテルが貼られたり、厳しい目が向けられることになった。フィリピン人団体を組織している私の役割についても同様に疑問視された。しかし、現実主義者として私は自分の人生のこうした状況に取り組まなければならない。理想の家族あるいは理想の女性から解き放たれているほうがずっとよいし、自由である。「理想」は単なる社会的な構築にすぎないから。

この状況のなかで明るい側面といえば、私自身が長年勉強し、書いてきたことが現実の一部となったことである。そして私のまわりの多くのフィリピン女性から、移住に関わる日常の災難——規範的なジェンダーの役割、階級や人種の違いによる周縁化や期待との格闘——を共有する仲間の一人とみなされるようになった。確かに私の苦労は子どもたちがフィリピンに行ってしまったときに始まったのではない。20年近い滞在の間にもあった。しかし、現在の家族の構造が理想に反したために、ようやく私の苦労は同胞に明らかになり、私は一部の人から母親の二元論のなかで「悪い母親」に位置づけられてしまった。

面白いことに、「悪い母親」に位置づけられ、家族がもはや理想の典型を表さないようになって、私は、彼女たちが理解できる普通の事例、現実となったのである。私は母親の伝統的な概念に反抗したと見られたので、多くのフィリピン女性は私に、反抗する移住女性——母、妻——としてステレオタイプ化される「大っぴらな秘密」を話してくれるようになった。

本稿では、自分たちの子どもを本国の母親代わりやヘルパーのもとにおいてきた11人の母親について述べる。プライバシー保護のため、本稿では仮名を用いる。まず、家族とジェンダーの役割について論じたい。

2. 理想のフィリピン人家族の概念

フィリピンの核家族の規範的概念

は、母親、父親と子ども——つまり、一家の稼ぎ手である父親と家事を担う母親を含む、伝統的な父権的構造をもつ。家族やフィリピン社会における経済的、社会的な条件に帰される変化にもかかわらず、規範的、理想化された概念構造は存続している。

　国家によって構築された規範的なフィリピン人家族の理想化は、たとえばトランスナショナルな家族、そして時には一人親と子どもの家族といった他の家族構造に対する非難につながる（Parreñas, 2006）。パレニャス（2006：35）は、「フィリピンではトランスナショナルな家族は正しい家族の種類ではないとみなされ続けている」と述べる。この見方は法律、メディア、地域社会や宗教者、学校のカウンセラーの間でも共有され、価値形成（道徳）の科目に反映されているように、教育委員会も共有している。

　トランスナショナルな家族では、母親か父親が家族を残し、働くために国を出る。トランスナショナルな家族において親の一人が離れることはしばしば理想的な家族構造に対する脅威とみなされる。そして小さな子どもを残し海外に働きに出る女性にしばしばプレッシャーがかかる。移住の社会的コストの一部としてこの家族構成員の移動、崩壊と分離を描写する研究がいくつかある（Okamura, 2000）。

　フィリピンの1987年憲法の家族規定は、家族の価値を堅持し、「フィリピンの家族は国家の基礎である」という道徳的なスタンスをとる。拡大した親族関係に基づくフィリピンの核家族は、絶対的な結婚、女性の母性、男性の権威と孝行心のうえに成り立たなければならないとする。また、同規定はフィリピン政府がフィリピンの家族のこうした特徴を保護、促進し発展させることをめざすと述べている（前掲書）。

　フィリピンの家族のこうした特徴が政府によって宣伝されるなか、トランスナショナルな家族はフィリピン社会における家族の正しい種類の理想的な概念とはすでに異なった形態だとみなされている。しかし、矛盾することにフィリピン政府はマルコス政権から現在に至るまで、経済を支え、対外債務を返済するために女性を含むフィリピン人の海外への「輸出」を奨励し促進してきた。事実、フィリピン経済に対する移住者の否定しようのない貢献からフィリピン国家は移住者を新しい英雄だと宣言している——ただし、これは落ち込む移住者の自尊心に対する精神的な慰めにしかなっていない。

　国内の社会的、経済的および政治的現実がトランスナショナルな家族の移動や崩壊のプッシュ要因の一部である。しかし、トランスナショナルな家族に、移住過程のなかで崩壊する運命にあるとレッテルを貼ってしまうのは必ずしも適切ではない。事実、トランスナショナルな家族は移住の連鎖のための手っ取り早い人的資源となっている。また、トランスナショナルな家族の構成員が積極的に移動を有利に活用し、地理的に離れていても家族の絆の強化に貢献している事例も数多くある。

規範的な家族を国家の基礎とするフィリピン政府の宣言に話を戻すと、市民は脆弱な経済と信頼できない統治能力、ならびに不安定な政治状況について、熟知している。政府は、自らが構築し促進しようとしている家族のニーズに応えることができない。できるのは、家族規定に掲げている原則と矛盾するにもかかわらず、多数のフィリピン女性の移住を促進することだけである。この法律と現実の矛盾は海外で働くフィリピン人の数——約800万人、そのうち約半数が女性——によって裏づけられている。

3. フィリピン女性のジェンダーの役割の逆転——稼ぎ手としての母親

　フィリピン社会においてトランスナショナルな家族を「正しくない種類の家族」と位置づけたうえで、フィリピン男性との子どもをもつ、日本に来た11人のフィリピン女性の事例研究に入りたい。本稿では、彼女たちのジェンダー役割の逆転について述べる。
　フィリピンの家族において、家族の面倒を見、子どもを育て、家事を行う母親および妻という女性の規範的な母性的役割は、日本への移住の女性化から推測されるように、移住過程において逆転する。11人のフィリピン女性の事例研究も、こうしたジェンダー役割の逆転を示している。つまり、稼ぎ手としての母親と、フィリピン人母親がいない間、育児、介護を行うフィリピン人父親というかたちに逆転しているのである。
　政府は、トランスナショナルな家族におけるこのジェンダーの役割変化を、女性が市民としての果たすべき母性の責任に対する脅威とみなしている（Parreñas, 2006）。子どもを育てる、したがって家族の小さな子どものそばにいなければならないという「よい母親」という国家がつくった概念は、もう一方の「悪い母親」とは対極的である。「悪い母親」とは、子どもを本国のフィリピン人夫および／または親類に任せるフィリピン女性を指している。
　フィリピンの男女が平等なパートナーとして家族の世話をし、経済的に支えるという男女平等に関する法律は、近代フィリピン核家族において堅持されている。しかし、女性を固定的な役割に縛りつける道徳的、宗教的、家父長的構造によって矛盾が根づいたままになっている。
　たとえば、移住による女性の夫からの別居は、女性の純潔と婚姻による統合に対する脅威とみなされる。つまり、移住は彼女が離れている間、彼女を不義の誘惑にさらすというのである。よって、国家は、法律によって、国家づくりに必要な要素として家族養育が国家市民として女性の責任であると定め、女性としての生き方を規制している（Parreñas, 2006:36も参照）。これは政府関連機関で行われる、海外に渡航するフィリピン女性に対する渡航前セミナーに反映されている。
　しかし、法的、社会的および文化的規範における矛盾にもかかわらず、フィ

リピン女性は、政府に対する信頼の欠如、家庭における構造的制約や海外で得られると考える好条件や収入の誘惑から個人的な決定として国外に移住するよう奨励される。そうして、家族の育児者、家政婦として彼女たちに期待されるジェンダーの概念を逆転させる。

彼女たちは稼ぎ頭としてどのように日本での生活と格闘しているのだろうか。まず、27歳で日本にエンターテイナーとして来たミアの話を引用したい。ミアは1996年に来日してから現在まで、自分が一家の稼ぎ頭であると自覚している。長女ではないにもかかわらず、親孝行な娘、頼りになる姉、そしてフィリピン人を父親とする息子にとって良き母親という義務を担うことになった。

私はマニラの不法占拠者の地域で育ちました。日本にエンターテイナーとして働きに来たとき、フィリピンの家族を助け、家族は不法占拠地域を抜け出し、ブラカン州にまともな家を買いました。1996年に日本人の夫と結婚しました。息子が12歳のときに夫は息子を養子に迎えてくれました。12歳になるまで息子は私の両親によって育てられ、まったくフィリピン人として成長しました。

日本人の夫の寛大さには感謝していますが、息子が来てからはうまくいっていません。夫は息子が私たちの家族生活を乱していると言います。彼は学校や地域で問題を起こし、今は家を出て、連絡がつきません。彼が家を出たのはこれが初めてではありません。彼は、養父との関係が緊張するといつもそうしています。彼を連れて来るために私が払った犠牲を息子は軽く考えているようです。私の状況をもっと考えてくれればいいのにと感じます。でも、彼が新しい文化や言葉、新しい家族に適応するのに苦しんでいることもよく知っています。

夫は伝統的な教育を受けているので、息子も自分が育てられたように育てようとしています。つまり、非常に厳しく、日本人的に、です。息子は大家族の中で育ったので、養父の育て方を理解するのが難しいようです。私は２人とも愛しているので、いつも板挟みになっています。

会社がつぶれたために職を失い、今、夫は大変な状態にあります。１年以上も失業し、ストレスを感じています。それで夫は私と息子にあたります。夫と息子の間にずっと争いがあるのは疲れます。私はフィリピンの家族だけでなく日本の家族に対しても稼ぎ頭にならなければなりません。これは本当に大変ですが、この現実と闘わなければなりません。

私はぜんそくに罹っていて、１カ月間、働きたくても働けませんでした。本国では私の父が病気ですが、今お金がないので電話をかけたくありません。かければ、稼ぎ手としての私に何か期待するでしょうし、それがプレッシャーになります。お金が十分あれば、すぐにでも送金したいのですが……。

夫は息子をフィリピンに送り返すと言いました。向こうでは息子に将来がないことを私は知っています。息子は中学卒業後、学校をやめてしまいました。

ここでは少なくとも工場や建設会社でパートの仕事に就くことができます。本国では生活はもっと厳しくなります。専門職の人にとっても働く機会が限られているのに、中卒にすぎない彼にとってどんな道があるというのでしょう。こんなに多くの人が私に母親としてだけでなく、稼ぎ手として頼っているので、私はおちおちと病気に罹っているわけにもいきません。また、私の勤める会社も不況で労働者の数を減らしています。クビにならないようにがんばって働くだけです。

4. 母性と婚姻に関する規範の競合──「反抗的な母親と妻」

ミアのように故郷を去ったフィリピン女性はほとんど、自分たちの子どもを学校に行かせたい、あるいは学校に行く兄弟に大学の学位をとらせたいと考えている。フィリピンにおいて、教育は社会的および経済的上昇の階段と考えられるため、高い価値が与えられている。したがって彼女たちは、移住者として日常生活において策を練り交渉したり、異議を申し立て、なんとか自分と家族がよりよい生活を送るという希望を叶えようとする。母親として子どもを育てる役割と、経済的稼ぎ手としての役割をしばしば二重に背負い、彼女たちは社会的な規範や伝統を書き変える。身を粉にしてたくさん稼ぎ、母性と婚姻の規範を破ることによって、たとえ反抗的な母・妻としてみなされても、である。

フィリピン人との間に子どもがいる11人のフィリピン女性のうち、ミアは子どもが日本におり、日本人の夫の養子になった5人のうちの1人である。あとの6人は子どもを本国の家族のもとに残してきた。これらの女性は、シングルマザーあるいは既婚女性としてフィリピンを出国し、移住の過程においてフィリピン人の夫と別れ、日本人と結婚している。フィリピン人パートナーと別れた原因をここでは論じない。それよりも、フィリピン女性の異議申立ての言葉に焦点を当てたい。

ローナの事例も、稼ぎ手としてではなく、子どもを育てる女性のジェンダー役割の逆転を表している。彼女にはフィリピン人との間に20歳の息子がいる。しかし、フィリピン人パートナーが家族の面倒を見る資力を持っているかどうか信じきれず、ローナはシンガポールで家事労働者として働き始めた。次の移住先は日本で、そこでブラジル人と出会い、結婚せずに2人の子どもをもうけた。経済的により恵まれた生活が望めないと感じたため、彼女は彼のもとを去り、2人の子どもを彼に託した。しかし、彼女は2人の子どもに定期的に会っている。こうして彼女は非伝統的な家族観を信奉する「反抗的な母親」になった。ローナに規範的なジェンダーの役割を拒絶するように促した理由は、彼女の移住者としての生活状況に関連している。ブラジル人パートナーとの関係では彼女に在留資格は生まれず、彼女はその後日本人の夫に出会うまで正規の在留資格をもたなかったからであ

る。彼女は夫を通して配偶者ビザを取得した。

　数カ月前、フィリピンにいた彼女の息子が観光ビザで日本に来た。彼女は夫に息子を養子にしてもらおうと考えた。知り合いのフィリピン女性たちも、フィリピン人が父である子どもを夫に養子として迎えてもらっているからである。しかし、外国人観光者によるいかなる就労も禁止する「出入国管理及び難民認定法」（以下、入管法）違反のために、息子は送還されてしまった。日本人の夫は息子を養子として受け入れなかったので、彼女には限られた手段を通じて息子との絆を保つしかない、つまり帰国か送金、もしくはメールや電話といった通信手段である。彼女はこう語る。

　フィリピンを出るとき、息子のことをよく考え、彼にもっとよい生活をさせてあげたいと願っていました。でも、息子が大学での勉強にまったく興味を示さなかったのは残念です。息子はもう20歳なので、自分で生きていけるようになり、しっかり働いてお金を稼ぐ意味を理解してほしい。自分を律してほしい。彼は私の母親としての犠牲をなんとも思っていないようです。

　彼が日本で私と一緒に過ごした短い間に、母と息子として親密な関係を育むことができました。でもその一方で、夫婦関係には緊張が生まれてしまいました。夫は家に息子がいることで不安を感じたのです。息子が予期しない事情でフィリピンに戻ったのは残念でした。私たちの関係はもっと深くなったかもしれず、彼も離れて暮らしている私の生活をもっと理解できたかもしれないからです。息子は、私がお金のために彼を捨てたと感じていたのかもしれません。でも、彼は日本に来て、そんなことはなかったと気づいたと思います。

　実を言うと、今の生活で私はあまりお金を持っていませんし、幸せでもありません。息子が送還されて数カ月経って、夫が私と離婚して日本女性と結婚しようとしていることを知りました。それで私は彼のもとを去り、日本で１人で暮らすことにしましたが、ビザが必要なので、まだ離婚していません。在留資格が不安定なので、離婚を決心できないのです。そのうえ、私はまだ夫を愛しています。でも、私が永住ビザを取得できるように、彼が手続をすると２人で決めたので、永住ビザがとれたら彼を自由にします。彼は、私の新しい生活のため、私に300万円くれました。でも、それだけのお金をもらっても、裏切られたという痛みは癒されません。

　私が日本女性ならば、DVで彼を訴えていたかもしれません。彼の財産の一部を得られたかもしれません。でも、私はフィリピン人で、私たちはふつうそういうことをしません。フィリピン人の組織カサピ（KASAPI）[1]にいる私の友人が

---

1) KASAPIとは春日井愛知フィリピン人の会の略称。愛知県に所在し、会員のほとんどが日本男性と結婚している女性の組織。

支援してくれ、被害者として自分の権利をよく知ることができました。私がほしいのはお金ではありません。自分のものだと言える意味のある人生がほしいのです。

　私は20年近く海外で暮らしてきました。今回でパートナー男性との関係は3回目になります。いずれも失敗でした。私にはフィリピン人との間に1人、日系ブラジル人との間に2人の子どもがいますが、私のもとでは誰一人も暮らしていません。2008年2月、その2人はブラジル人の祖母によってブラジルに連れて行かれます。私が日本に残りたいと思う理由のひとつが、彼らに会える、会いたいということだったので、とても落ち込んでいます。それから、私が本当に愛して、一緒に暮らした3人目の男性とは子どもができなかった。それでよかったんだと思います。

　私が働いている会社は従業員を減らしていて、1月以来週3回しか仕事がありません。私は、ひょっとすると残りの人生、稼ぎ頭にならなければならないかもしれません。人生を後悔していませんが、人生の意味を見つけたいと思います。

　ローナの話は結婚と母性の規範的な概念からの離反を表している。彼女は日本で日系ブラジル人と暮らし、結婚せずに2人の子どもを産んだ。彼と数年暮らした後、彼は彼女によりよい生活を提供できず、在留資格ももたらしてくれないことに彼女は気づいた。ジレンマを解決するために彼のもとを去り、日本人と5年間暮らし、6年目にその男性と結婚した。彼女は配偶者ビザを取得できたが、不運なことに、夫は離婚を望み、彼女は永住資格を確保するまで離婚を拒否している。

　次の事例は、ローナの事例といくつかの点で類似している。

　リリーはフィリピン人との間に9歳の娘がいる母親である。彼女は日本にエンターテイナーとして来た。現在は7年間一緒に暮らすパートナーがいる。しかしリリーにはビザがない。彼女と同居するパートナーはパキスタン人で、彼は日本女性と結婚しているが、別居している。リリーは結婚を約束されているが、同居パートナーが日本女性と婚姻関係にあるかぎり、そのチャンスはゼロである。現在、彼女が正規のビザを取得する見込みはないようである。

　彼女はパートナーが経営するリサイクル・ショップで働いている。収入は月に約10万円ほどである。この収入でフィリピンの家族を支えている。娘には、娘が幼少だったとき以来会っていない。今の関係から抜け出し、エンターテイナーとして働けば、結婚してくれる日本男性と出会うかもしれないと、彼女は何回も考えたそうだ。リリーはこう語る。

　私は、彼が妻と離婚するのを待っていました。でも、彼の妻はどうせ一緒に暮らしていないのだから、お金目当てなのだと思います。彼も私のように外国人なので、きっとこれも一種の偽装結婚だと思います。私はこの関係から何

トランスナショナルな母親たちの物語——家族とジェンダーの概念における固定性と柔軟性●メアリー・アンジェリン・ダアノイ

53

度も抜け出そうとしました。でも7年が経ち、私たちの間にもそれなりの感情が芽生えてきました。もし彼が日本人ならば、結婚してビザをとるのはそれほど難しくはないでしょう。でも、彼には限界があり、私は愛情で彼とつながっています。

でも、よいことに、私は店のアシスタントとして給料を払ってもらい、フィリピンにお金を送ることができます。娘にヘルパーを雇うことさえできています。また、収入を増やすためにテレフォン・カードを売っているので、もし捕まってもいくらかの貯金を持って帰れます。いつでもその覚悟はあります。数ヵ月前、交通違反で捕まってしまい、これで終わり、送還される、と思いました。でも、神様がついていたらしく、逃げることができました。日本にいる宿命なのかもしれません。

リリーは法律に基づく妻でも、規範的な意味における母でもないが、実質的に同居パートナーに対して「妻」の義務を7年間果たし、本国の娘と親族に対して良き扶養者の義務を担ってきた。法律、母性規範、結婚制度、入管法は、こうした人生における重要な要素を軽く扱っている。

5. フィリピン男性が父親という子どもをもつフィリピン女性

11事例のうち、フィリピン人の子どもをもつフィリピン女性5つのの事例において、日本人の夫が養子に迎えたので、子どもたちが日本で暮らしている。これらの子どもは10代後半である。ほとんどが9〜12歳の間に養子となった。これらの子どもはいずれも言語、教育、社会的および文化的適応において苦労した経験がある。最も難しいのが日本の学校制度、ならびに日本の義父を含む新しい家族への適応である。前述のミアはこうした母親の一人で、息子が日本人の夫の養子になった。

リン、ナティとビッキーの場合も、娘たちが日本人の夫に養子として受け入れられた。ドーンの娘は在日コリアンの夫が養子として迎えた。

これら5つの事例は、ミアの事例で述べたように、父親がフィリピン人という子どもを養子にすることが、日本男性との結婚に何らかの緊張を起こしたことを示している。しかし、日本での滞在が長くなるにつれ、子どもたちが社会生活に適応する苦労は次第に解決されてきた。これは、地域におけるフィリピン人の支援や日本人の夫の支援によるものである。多くのフィリピン女性が、養子になった子どもの代理母や後見人の役割を果たしている。したがって、日本においてもそれぞれの地域で、子育てと教育の苦労はフィリピン人の間で共同して担われている。

養子になった5人の子どものうち1人は大学に入った。リンとビッキーの娘たちは学校をやめて働いている。ミアの息子も中学校を出た後は進学せずパートで働いている。ナティの娘は高校に通い、ナティは来年大学に行かせ

るつもりである。

子どもたちをフィリピンに残している他の6人の女性たちは、とくに日本の夫の収入が低い場合、経済的に苦しい状況にある。したがって彼女たちは養子縁組を通じて子どもたちと再会するあてがほとんどない。子どもと再会できないもうひとつの理由は、下記の事例が示すように在留資格である。

ノラにはフィリピンに16歳の娘がいる。彼女はエンターテイナーとして来日した。彼女は日本人と結婚し、3年前、夫の暴力（DV）のため離婚した。彼女には日本人の夫との間に娘がいた（そのため、彼女は日本人の親という事情から定住ビザを取得した——訳注）。その後、彼女は在留期限が切れたフィリピン人契約労働者と出会った。彼女と結婚し、彼は正規のビザを取得することができた。2人の間には1歳の娘がいる。ここでノラがどれほど16歳の娘を日本に連れて来たいと思っても、夫も彼女もフィリピン人なので容易ではない。入管手続の複雑さに加えて、彼女たちには経済的な余裕がない。

故郷フィリピンを振り返ると、リリーには9歳の娘、テスには10歳の娘、デリアには15歳の娘、カーラには5歳の娘、そして前述のようにローナには20歳の息子、ノラには16歳の娘がいる。彼女たちは不在となった母である。そして、その生活状況のため、子どもたちと一緒に暮らすことができない。

では、どのように子どもたちとの絆を保っているのか。通信技術の進歩により母国の家族とのアクセスは容易になった。常時、定期的に電話をかけることが最も便利な方法である。そして、フィリピンに定期的に戻れる状況にある女性は、母国に残した子どもとできるだけ再会している。

6.結論

私がここで挙げた11人のフィリピン女性に共通する特徴は、彼女たちにフィリピン人を父親とする子どもがいることである。他の特徴は、さまざまな理由から子どもたちのフィリピン人の父親と別れたこと、そして、来日し、別の男性（日本人、ブラジル人、パキスタン人、コリアン、フィリピン人）と再婚または同居していることである。母国を離れたときから彼女たちは、理想化されたフィリピン家族像を反映した行動をとっていない。そして、そのため、彼女たちは対極的に言って「反抗的または悪い」母親、女性として位置づけられてしまう。

しかし、彼女たちはフィリピンの家族にとって稼ぎ手であり、よい扶養者である。日本では、彼女たちは共稼ぎの一人か、稼ぎ頭としてみなされている。

貧困がしばしばフィリピン女性の移住の根本原因であると指摘される。そのため、母国に残した子どもの養育者という伝統的な役割から移住女性たちは免除されるものの、彼女らの主たる役割は母親というジェンダーに基づく社会的期待があるため、経済的稼ぎ手としては軽視されている。

これらの女性たちは、日本への移住により自分たちの生活を再建し、ジェンダーの概念を書き換えるためのスペースが提供されたと考えている。彼女たちのほとんどが働いているので、経済的に自立している。そのため、フィリピンの親族を金銭的に支援できる。また、彼女たちは日本のほうが結婚に関して人々の考え方がより社会的に自由であると感じている。結婚で苦しむ女性にとって、スペースを提供するものとして離婚は肯定的に捉えられているからである。一方、フィリピンでは、これらの女性は法的および社会文化的な要因や制裁のために問題のある結婚から容易には抜け出せない。しかし、結婚や家族について社会文化的規範が異なるフィリピンで子どもが育てられ、成長した場合、ギャップが生まれる。そうした社会文化的規範の相違は、母親と残された子どもとの関係に、そして子どもが養子になり日本の新しい家族に入る際に家族との関係に緊張をもたらす。

　最後に、社会は経済的な稼ぎ手としての女性の自立をまだ軽視しているが、前述の諸事例はこれらの女性自身、自分の意志で経済的な稼ぎ手となり、家族を養っていることを示している。(パレニャスの言葉を借りれば)「遠距離母親」のいる家族が非難されず、子どもと別れて暮らす母親が悪い母親とみなされないように、社会は女性の役割と地位に関する視点を組み換えなければならない。

《参考文献》
・Parreñas, Rachel Salazar. 2006. *Children of Global Migration: Transnational Migration*, Ateneo de Manila University Press.
・Okamura, Jonathan. 2000. "Transnational Migration and the Global Filipino Diaspora", In *Population Movement in Southeast Asia: Changing Identities and Strategies for Survival*, Edited by, Abe, Kenichi & Ishii, Masako; Japan Center for Asian Studies pp.107-123.

※　原文は英語。
(訳:岡田仁子／監訳:佐竹眞明)

Marginalized Chinese Women who Married Japanese Men

周縁化される
中国人女性の結婚移民

賽漢卓娜 ●*Saihanjuna*

1. はじめに

　本研究は、中国人女性が、送出側である中国から受入側である日本へ、結婚に伴って国境を越える移動の過程において、いかなる周縁化を経験したかを浮き彫りにすることを目的とする。今まで、発展途上国女性の先進国男性との結婚による先進国への移動あるいは定住は、受入側の文脈を重視して把握されてきた。そして、送出し要因は、経済的な格差を中心とする経済的側面を主に取り上げ、女性ゆえの移動、女性ゆえに直面するさまざまな困難というジェンダー的側面は、しばしば軽視されてきた。この論文において、日本人男性のもとに嫁いできた中国人女性らが、中国において、また日本において、娘として、女性として、外国人嫁として、女性ゆえに出身社会、移住先社会で受ける経験を中心に取り上げて検討する。それによって、中国人女性結婚移民の現状、とくに彼女らをめぐる2つの社会のひずみを分析する。

2. 中国側から眺める日中国際結婚

　中国は、多民族かつ広国土で、民族および地域によって文化が多種多様であり、異文化に対して比較的に大らかである。中国国内において、「異民族通婚」「南北結合」のような、文化がかけ離れた者同士の結婚形態がすでにあり、こうした土壌のうえ、外国人との結婚は受け入れられやすい。本稿では、中国で公的に整理されているところに従い、中国人を一方とする結婚を広義的に「渉外結婚」と呼ぶことにする。この渉外結婚は、中国の国情に鑑み、華僑、香港人、マカオ人、台湾人、外国人を内包し、中国大陸人である「内地人」同士の結婚と区別される。そして、日本での一般的な例に従い、渉外結婚のうち、外国人との結婚を「国際結婚」と呼ぶことにする。

　渉外結婚が本格的に現れたのは改革開放路線が始まった1978年以降である。渉外結婚が婚姻総件数に占める割合は、1979年の8,000組で婚姻総件数の0.12%からスタートし、その後

年ごとに上昇し、2001年の79,000組で0.98％を占めるようになった。しかし、その後ピークを過ぎ、2003年までほぼ横ばいの傾向を示したが、2004年から微減少し、2007年は51,000組で0.51％になっている。

中国で渉外結婚をする男女、つまり中国籍者とそれ以外の者は、中国で結婚手続をする場合、中国人側の戸籍所在地各省、自治区、直轄市1)指定の婚姻登記機関で行う。外国人側は、旅券など本人確認のための証明書、本国における婚姻要件具備証明書（独身証明書）、在留証明などを持参し、中国人側は戸籍証明、本人に関する職場あるいは県レベル政府2)以上から入手した証明書を提出する。

中国における渉外結婚の件数の分布は地域によって異なるが、全体的に「東に多く西に少なく、南に多く北に少ない」といえる。ただ例外もあり、東北部に位置する遼寧省、吉林省、黒龍江省（通称：東北三省）は、渉外結婚の件数が多い。この地方は、日本および韓国との親縁、地縁3)が深いため、これらの2カ国との間の国際結婚が多い。また、渉外結婚数が中国国内で1、2位を占める南方の福建省、広東省の2省だけで、中国の渉外結婚全体の35％も占めている。南方の各省では、台湾・香港・マカオ人といった国民と外国人との間に位置づけられる者との結婚が大きな割合を占めるが、国際結婚も相当件数がある。これらの省での国際結婚の相手国は、いわゆる新移民国家と呼ばれる米国、カナダ、オーストラリアが中心となっている。

日本人との国際結婚4)が多い地域として知名度が高いのは、上海と東北三省である。上海の国際結婚件数は2,342件で、全国に31ある省、自治区、直轄市のうち第3位である（中国民政部、2008）。1980年代後半から1990年代後半まで日本は人気の出国先であり、上海人は留学や出稼ぎや国際結婚などさまざまな手段で海外ドリームを実現しようとした。それとも関連して、1984年から2006年8月までの上海市で婚姻届を出した上海市民と外国籍者との渉外結婚合計のうち3分の1近くは日本人との結婚で、大多数は女性側が中国人女性である。日本人との結婚は、1990年代から急上昇し、2000年前後がピークとなった。2001年以降現在まで、全国の渉外結婚と同じ傾向を示し、年を追うごとに少しずつ減っている。減少した背景には、中国国内の経済発展によって、とりわけ都市部や東南沿岸地域で就業環境・生活水準が海外との差を縮め、海外への憧れが薄れたことが挙げられる。そのうちでも、とりわけ上海は中国の経済・貿易の中

---

1) 中国では、省、自治区、直轄市は同一行政レベルにあたり、日本の都道府県に類似している。
2) 在職中の者は職場から、無職の者は戸籍所在地の政府機関から発行される証明を持参することである。
3) 中国の東北三省は、日本人残留者の多い地域であり、韓国に親戚がいる朝鮮族が多く住む地域でもあるため、この2国との親縁関係のある者が多く居住している。
4) 中国民政部のデータには、国際結婚の相手国の国別のデータがなく、総数のみである。以下で日本人との国際結婚に関する記述は、各省、自治区、直轄市政府からの聞き取りによるものである。

心として役割を果たし、魅力の大きい都市となり、中国各地、海外から人材が集まってきており、上海人と他地方出身者と、さらに上海で仕事する外国人との出会いも増え、新たな結婚の傾向も生まれている。かつて自己実現のために海外に渡っていた上海人は現在、むやみな海外崇拝から脱却して冷静になり、「国際結婚の成熟期」を迎えつつある。

　一方、東北地方は、国際結婚の件数の増加は上海に比べ時期がやや遅れている。2000年代は上海の「国際結婚成熟期」であるが、東北地方ではその時期に「国際結婚の増加期」の段階に達している。東北地方の中心産業は重工業であり、1990年代の市場経済への転換によって打撃を受け、地方全体の発展は停滞していた。東北三省は地域性が近く、よくひとくくりに把握されているが、国際結婚に関して微妙な差異がある。遼寧省は、反日感情が比較的少なく、外国人との婚姻件数は2,311で全国第4位である。黒龍江省は、残留日本人が最も多い地域であり、外国人との婚姻件数は1,590件で全国第5位である。吉林省は、日本侵略の拠点であり、東北地方のなかで日本との交流が一番少なく、外国人との婚姻件数は805件で全国7位である（中国民政部、2008）。現在、日本に渡った中国人のうち、東北出身者は最も多く、全在日中国人の35％を占めている（山下、2008）。

　日本人との国際結婚のきっかけとして、国際結婚紹介所の仲介や、日本で定住した東北人の紹介、日本に渡るエンターテイナーと客などのケースがある。2003年の渉外婚姻手続の改正により、外国人男性への審査が簡素化された。改正前は中国人女性保護のために婚姻登録機関の審査が厳格であったが、改正後、個人の婚姻の自由への配慮で、書類が完備されれば婚姻登録の手続を進められるようになった。また、手続の簡素化により外国人側の重婚が懸念されている。調査を実施した2006年9月の時点では、中国国内の渉外婚姻登録に関する各省、自治区、直轄市の間のネットワーク・システムはまだ連結しておらず、外国人側が他省で重婚するのを防ぐことができていなかった。

　また、仲介業者の果たしている役割は非常に大きく、騙された中国人女性も少なくない。2000年以降、日本の国際結婚紹介所は東北三省に現地事務所を多数設置し、中国人女性を斡旋し、さらに中国人女性からも紹介料として高額な費用を徴収している。国際結婚を斡旋する仲介業者は、1994年に通達で禁止され、その後も地域によって禁止条例が制定されているにもかかわらず、管理や取締りの責任を負う部署が明確でない等の事情があって現在に至ってもその活動が盛んである。そして、営利業者ではない仲介者まで取り締まるわけではないためにそれを仮装するものも少なくなく、被害に遭う当事者は保護されない状況にある。「日本人はツアーで中国に来て、わずか3、4日で婚姻登録をしてしまう」（遼寧省）。そのため、婚姻のために窓口に来るカップ

ルは、まったく言葉が通じないことや、互いの基本情報さえ知らないことがしばしばある。言葉が通じないカップルが婚姻登録に関する手続をスムーズに進めるため、仲介業者はよく同行して窓口で通訳を兼ねる。仲介業者が介入する国際結婚は非合法であるため、当事者は友人や親族だとぼやかす。仲介業者経由の結婚には、年齢が離れる男女が少なくないという。極端な場合、お爺さんと孫ぐらい歳が離れており、また歩けなくて車椅子に乗って来たことさえあったという。

3. 誰が海を渡る花嫁となるか──娘として、女性として生きること

　中国民政部婚姻管理処の責任者によれば、国際結婚をする中国人女性には、2つの典型的なグループがある。1つは、学歴・職業など個人の「総合素質」が高いグループである。このグループは外国人側との条件が近く、いわゆる自由恋愛で結婚に至るため、結婚後も問題が比較的少ない。外資系企業で勤務する中国人と外国人同僚との結婚はその一例である。もう1つは30、40代の女性グループである。離婚や死別を経験したこの女性らは、再婚を望むがなかなか困難であり、経済的にも困窮していることが多い。中国においては一般的には男女平等が進んでいる一方、再婚において女性、とくに子連れの女性は非常に不利な立場に置かれる。離婚した男性は、若い独身女性との再婚が少なくないのに対し、女性はずっと年配で条件のよくない男性にしか恵まれないことが多い。そのうえ、女性、とりわけ農村の女性は、結婚をして男性に依存する意識があり、自立精神が強くないため、結婚（再婚）を望む。一方、離婚経験者、農村女性や都市リストラ女性は、外国人男性は中国人男性のように処女性にこだわらず、離婚経験者や子連れでもOKとの仲介業者の宣伝に心が動かされ、運命を変えるため国際結婚に臨む。

　日本人との結婚に臨んだ上海人女性は、再婚者が多く、安定した職業を持つ者が少なく、学歴などの「個人素質」が全体的に低いことが特徴といえる（上海市民政局担当者）。これらの女性は、先述の中国のジェンダー的要因で中国国内での再婚が制限され、子どものためや安定した生活のために海外へ出て再婚する道を選ぶことが多い。また、彼女らは学歴が比較的低く、インターネットの利用方法がわからなかったり、新聞を読む習慣がなかったりするため、情報量は制限されがちで、仲介業者や知り合いの話を容易に信じ込んでしまう。

　東北地方の場合、都市部だけではなく広い農村を抱えているので、状況はいくぶん違う。遼寧省の場合、渉外結婚をする中国人側は農村出身者と再婚者が多い。無職者がその8割を占め、再婚者は30～40歳代が多い。日本人側はたいてい会社員であり、ほかには一部の農業、自営業者もいる。遼寧省渉外婚姻担当者によれば、「日本人側

は、中国人側よりずっと年上で、日本のお盆休み時期になると、毎日20カップル以上が婚姻登録機関にやって来る」とのことである。

　黒龍江省の場合、日本人と結婚した中国人女性は、各年齢や各階層の人がいるが、30～40歳代の中年女性は3分の1強で、40歳以上は約4分の1を占めている。また、カップルは年齢が近いのは3分の1で、残りは年齢がかけ離れている。年齢が近いカップルの中国人女性は、だいたい地元ではなく東南沿岸都市で勤務するOL女性たちであり、会社の同僚と恋に落ちる。黒龍江の女性の嫁ぎ先は、日本の農家が多く、男性の学歴や階層が低い人が多い。彼らの結婚は、親戚や知人の紹介、あるいは仲介業者経由である（黒龍江省民政庁担当者）。

　吉林省の場合、離婚経験者や死別経験者が多く、大多数は農村女性と都市中低収入階層である。また、韓国を中心とする外国との間に年間何千組成立する国際結婚の大多数の中国側は女性であるため、女性が海外に流出した結果、地域によって結婚適齢期の男女人口にアンバランス現象まで起こってしまう。さらに、海外出稼者や結婚した者が帰国して消費するため、延辺朝鮮族自治州のような地域の物価が異常に高くなる。なお、吉林省は、朝鮮族が多くて、日本語学習者が多いためか、自由恋愛が多いともいわれる（吉林省民政庁担当者）。

　筆者が日本中部地域のある農村地域で行った調査によれば、嫁いできた中国人女性のうち農村出身者が相当人数であった。農村出身者の大多数は、農村から都市へいったん移動してから来日するという二段階移動を経験していた。彼女らは、中国の都市部あるいは東南沿岸の経済が発展している地域に出稼中に、仲介業者を通して日本人と結婚し来日したのである。ごくわずかな女性は、出身地である農村から結婚して直接来日した。前述の調査で確認した中国の農村出身者である女性結婚移民は、吉林、遼寧、湖南、広東、広西などから、広州市、深圳市、江蘇省など先進地域に出稼ぎをした経験があった。

　これらの女性は、男兄弟がいないか、幼いかのため、家計を助ける大黒柱的な娘で、10代から学業を中断して故郷を離れ出稼ぎに行く人が少なくない。ある広西壮族自治区の農村出身の女性は、6人きょうだいの3番目の娘として生まれ、すぐ下にやっと待望の男の子が生まれた。彼女は、家族を支えるために小卒で広州に出稼ぎに行き、海外資本の合弁工場の製造ラインで長年働いていた。適齢期を過ぎた頃、広州にある国際結婚紹介所に登録し、お見合いに来た日本人男性に十数人の候補者のうちから選ばれ、2000年に来日した。彼女は、都市戸籍ではないため、中国では都市人男性と結婚する機会が少ないうえ[5]、適齢期を過ぎたため農村人男性との結婚も難しくなる。また、グローバル企業の製造ラインでいくら働いても、技術を持てず、いずれは若い女性の労働力を求め続ける企業に使い捨

られてしまう。農村出身の若年女性はグローバル経済の「雇用の調節弁」(沢田、2001：221)になる。また、彼女たち自身も、長い都市生活のため、農村の「伝統文化との断絶」を経験し、農村にはもはや戻れなくなるのである。

　結婚移民のうち、直接来日した人はごくわずかであり、そうした女性たちは、いわゆる旧満州のような、今でも日本との関連が密接である地域の出身である。ある黒龍江省農村出身の女性は、2人姉妹の長女として生まれた。彼女の出身地は、日本敗戦後に日本人入植開拓民がハルピンに向けて避難する途中、多くの犠牲者と残留者を出した地域として知られており(満蒙同胞援護会、1962)、人口22万人の県でありながら、渡日した人は推計で3万人とも5万人ともいわれ6)、ほとんどの世帯には日本に親戚がいるという。この地域で、国際結婚を斡旋する仲介業者は盛んである。地元の若い女性は、日本に嫁いだ女性が地元で高級マンションを買ったり、大金を持って帰省したりするのを見て、日本人との結婚に憧れる。彼女の従姉妹や近所の女の子たちはみんな日本へ行ったと言い、「きれいな子はほとんど残っていない。残っているのは格好悪い子ばかり」(彼女の従兄)。この影響を受け、彼女も日本人男性との見合いに臨み、同じく十数人から選ばれ、2002年に来日した。

　また、農村出身者のみならず、都市出身者も仲介で来日している。筆者が日本の都市部で実施した調査で、中国都市出身者の女性が嫁いできた複数のケースに出会った。ある北京出身の女性は、前夫と離婚後なかなか再婚できず、苦労して娘を育ててきたが、長年勤めていた国営企業に人員削減のためリストラされ、生活に困ってしまった。そのとき、仲介業を営む知り合いに日本人男性との再婚話を持ちかけられた。彼女は、日本は裕福な国だから、これから生活が楽になると信じて東京に住む男性との再婚に踏み切り、1995年に来日した。しかし、日本人夫の暮らしは困窮そのもので、健康状況も悪く、定職を持っていなかった。彼女は、生活と娘の学費を稼ぐため毎日長時間のアルバイトを余儀なくされていた。

4. 日本における日中国際結婚

　日本における夫妻の一方が日本人で他方が外国人である国際結婚は、増加の傾向をたどり、とくに2000年以降急増する勢いを見せ、ついに2006年に結婚総件数の6.1％となり、ピークを迎え

---

5)　ここでいう農村出身者は、若年出稼ぎ女工のことを指している。中国では、都市戸籍と農村戸籍を分けており、農村戸籍者は都市戸籍者へ変更することは容易ではない。都市で暮らしていても、医療、福祉、子どもの教育などにおいて同様な待遇を得られないことがある。また、これらの農村出身出稼ぎ女工の大半は学歴が低く、技術が身についておらず、サービス業や単純労働に従事している。以上の原因で、農村出身者と都市出身者の間の結婚は、比較的に少ない。
6)　2005年5月13日付信濃毎日新聞では3万人と書かれており、県の日本語学校へのインタビューでは5万人といわれている。

た。その後、2007年に微減し、結婚総件数の5.6％で40,272件にとどまっている（厚生労働省、2008）。中国人との国際結婚は、国際結婚総件数の3分の1を占めており、日本人の結婚相手となる諸外国のうちで最大の母集団となった。そのうち、日本人男性と中国人女性による国際結婚は、日中国際結婚の9割以上も占めている。以下では、日本人男性と中国人女性の国際結婚について検討していく。

日本における日中国際結婚は、東京都を中心とする首都圏に最も集中しており、次は大阪府、兵庫県の関西圏、続いて愛知県をはじめとする中部圏などの地域に多く分布している。三大都市圏における日中国際結婚は、大都市の中心部および大都市を中心に周囲に向かって放射状になる郊外に分布している。この傾向は、都市化が東京ほど進んでいない中部地域にとりわけ顕著である。中部地域は、名古屋を中心に、複数の地方都市、近郊農村、農山村を抱えている。逆に、日本人男性とアジア人女性の国際結婚の「発祥地」ともいわれる東北地方は、近年それほど増加していない。

日中カップルは、出会い手段が自由恋愛か仲介経由かによって分けることができる。日本に住む日中カップルには、恋愛型も仲介型もどちらも相当数存在していると考えられる。たとえば、来日した中国人留学生と日本人の結婚や、日本企業の駐在員と中国現地の女性との結婚などは恋愛型と呼ぶ。しかし、恋愛型に比べ、仲介型は結婚生活において、より困難を抱えやすく、問題が生じるため、ここでは仲介型を中心に検討することにする。出会い手段に加え、出会い場所によって、さらに日本出会い型と中国出会い型とに細分化できる。日本人男性が中国へ行き、国際結婚紹介所の仲介で中国人女性と見合いし、結婚に至る場合は、中国出会い仲介型と呼ぶ。

このような中国出会い仲介型は、結婚に至るまでの時間が極端に短く、現地で数日間だけを過ごして「インスタント成婚」してしまうことが一般的である。「学歴、年齢、身長、職業、親との同居など、国内での見合いでは障害となるような条件が一切不問」（池田、1989：74）となる日本人男性は、「お見合いツアー」に参加し、年齢や出身条件で選出された複数の中国人女性から結婚相手を決める。日本人男性1人につき十数人の女性が用意され、「まるで皇帝が妃を選ぶ」ように最も気に入った女性を選ぶことはよくある。そして、気に入った一人とわずか数日で結婚を決める。こういった結婚は、「インスタント国際結婚」と批判されている（池田、1989：77）。

中国出会い仲介型で来日した女性の多くは、社会階層の相対的に低い層、あるいは何らかの不利な状況にある男性のもとに嫁いでいる。農村部の跡継ぎ息子や都市3K労働者はその典型である。彼らには、もはや日本人女性の嫁のなり手が来る兆しがない。仲介業者はそこにつけ込み、国際結婚に踏み切ってもらうため、結婚難問題を抱え

る男性に自信を与える文言をささやく。日本人男性向けの宣伝文句には、男性が上位になれることや男性がコントロールできることが繰り返し強調されている。たとえば、「今の日本人女性になくなったつつましやかさ」、「大和撫子のよう」(山田、2000：95)、「男性がその女性(ここでは中国東北部女性)と結婚したいと言えば日本の女性と違ってほとんどの女性がOKです。男性にしてみればいままで日本でいくらお見合いしても全て女性から断られて自信をなくしていたものをちょっと角度を変えただけで自分が選ぶ立場になれるのです」(川村＝鶴見、2003：119)などと書かれている。これらの男性は、日本人女性との結婚をあきらめ、やむをえずに「顔も文化も似ている」中国人嫁さんをもらい、さらに「古きよき時代」の日本人女性のように期待する。それは、「いずれの家族も町に何の違和感もなく溶け込み、中国の奥さんも日本の女性よりも日本的という、地域の人々たちの間ではもっぱらの評判です」(川村＝鶴見、2003：60)といった宣伝文句があるように、本来、異文化間の結婚であるはずなのに、「異」の部分をわざわざ消そうとする。これは、必然的に外国人女性の日本への移住、結婚生活に暗い影を落とすことになろう。

そのため、互いの性格や家庭環境についての理解が不足のまま、そして夫も妻も相手の言語を話せないまま結婚生活をスタートさせる。中国出会い仲介型のカップルは、農村や地方に住む場合、男性の両親と同居することが多くある。農村では伝統文化や因習が都市と比べて色濃く残っているし、大家族では、核家族の夫婦のみの葛藤ではなく、さらに嫁姑等の家族関係が錯綜する困難な状況が存在する。中国人女性は文化的に共通している日本人女性ですら敬遠する困難な状況の中に身を投じている。

5.「農家の嫁」──輸入された生産力と再生産力

近代の日本農村の家族は、直接の生産機能とともに、再生産的情緒的機能を持つ。すなわち、農村家族が生産単位としての経済機能を持ち続けているので、「制度的家族」および「友愛的家族」の両方の性質を持っているといえよう。日本人女性は、きびしい農作業、乏しい自由時間、婚家の両親との同居などの理由によって、農家との結婚を敬遠するようになった(内藤、2004)。このような現状を踏まえ、農村を拠点とする国際結婚紹介所は多数誕生し、外国から嫁を受け入れることを試みた。

短期間で結婚に至る「インスタント国際結婚」は、さまざまな問題を引き起こしている。外国人女性たちは、来日前、男性側の情報が十分に与えてもらえないことや、来日した後、結婚相手の現実が当初の募集内容とは違うことなどを訴えている。そして、外国人女性は、「言葉も文化も習慣も名前までも、一方的に夫の側に合わせなければならない」と、日本人になるように家族から要求されている。このような農村

型の国際結婚では、離婚や女性の失踪などによって、結婚生活にピリオドが打たれることが少なくない。農村だけの数値ではないが、2007年には日本人男性と中国人女性の婚姻件数が約11,926組あったのに対して、離婚が約5,020組に達した(厚生労働省、2008)。また、農村部に結婚移住してきた外国人女性のなかで、来日後ストレスで精神的不安定を患う者が多いことも報告されている(桑山、1995)。

　中国人女性は、日本人家族に「農家の嫁」という性別役割を期待され、来日当初から「農家の嫁」になるよう催促されていた。一部の女性は、嫁いで早々日本の食事がまだ喉に通らないうちから、家の料理の味を覚えさせられたり、家業である農業への従事を急かせられたりしていた。日本人家族の「農家の嫁」たる者としては、家業としての農作業に従事すると同時に、家事・育児の担い手を務め、さらに家族全員に奉仕することが不可分なものとして求められている。異なる文化を持つ中国人女性にとって、「農家の嫁」への適応に困難が満ちていることが容易に想像できよう。ある吉林省出身女性は、「農家の嫁」像に対する葛藤を以下のように語っている。「私には理解できない。昼間、私も農作業をしているのに、どうして家事も、炊事も、後片づけまで全部私がやるの？　うちのお姑は農作業も家事もしないで近所訪問やら社交活動やら遊んでばかり」と語った。

　中国人女性は、農作業の傍ら、家事の担い手が「嫁」の自分であることに強く葛藤を抱いている。中国、とくに都市部ではさらに顕著であるのは、家事や育児は「手の空いている者がする」もので、「単に夫婦でフレキシブルに役割を分担するのみならず、夫婦、祖父母(同居、近居双方)の間で、性別にかかわらず、その時にそのことができる状況にある人がする」(宮坂、2007：113)慣習がある。また、中国では、家事や育児の担い手として、妻や夫の母親からの援助が多いことが、調査を通して判明している(宮坂、2007)。しかし、日本の農村部における直系家族[7]の姑は、嫁こそ家族全員の家事の担い手だと認識している。さらに、日本人男性の家事分担に非協力的な態度について、中国人女性は苛立ちを感じる。日本社会では「男子厨房に入らず」として家事の担い手を女性とする考え方が根底にあり、農村部の日本人男性には未だにそうした傾向が強い。しかし、中国では男女共同で家事労働を担うことが多く、家事労働はもはや女性のみの義務ではないという事情がある(李卓、2004)。中国人男性の家事労働時間はだいたい女性の5割から8割程度に達しており、家庭において男女平等は比較的進んでいる(瀬地山、1996：315)。日本人家族は直系家族における「農家の嫁」の役割への期待を中国人

---

[7]　直系家族(stem family)とは、父系の世代関係を強調する家族形成のひとつの類型である。家長ならびに家族員は個々人の即時的・現実的欲求の充足よりも、家系、世帯、生活集団の超世代的連続性を強く志向する(濱嶋朗ほか『社会学小辞典』(有斐閣、1997年)437頁)。

女性に押しつけているが、中国人女性はそれとは異なる性別役割分業観や世代間役割分業観を持っているため、結婚生活にとって大いなる葛藤となる。

また、夫婦共働きが一般的である中国では、女性でも独立した職業や収入を持ち、それは自信にもつながる。しかし日本人家族は、習慣、世間体、失踪の危惧等から、お嫁さんが外で働いて収入を得ることを厳しく制限している。女性たちの親が生活する中国の農村地域では社会福祉制度が充実しておらず、女性らは近くにいて親孝行できない代わりにせめて経済的な支援をしたいと願うが、自由になる一定の収入がないと実現しにくい。一方、日本人家族にしてみれば、この家に入ったら、たとえ賃金収入があっても、実家とは関係なくこの家のものだと思っている。

さらに、日本人家族は女性らの交友関係を制限し、日本語教室にも通わせないことがある。一部の家族は日本語習得の必要性を理解し日本語教室への参加に肯定的であるが、否定的な家族もおり、渋る、もしくは拒否するケースも少なくない。交友関係や日本語学習に拒絶反応を見せる家族は、能力を身につけて逃げられたり、知り合いが増えて外の世界を教えてもらえたり、逃げる先ができたりするのは困ると心配する。外部との交流の隔離で「家族維持」しようとすることは、家族形成に自信がない証左である。

さまざまな困難を抱える女性結婚移民にとっては、地域社会の支えも欠かせない。一部の地域社会は、来日したばかりの女性を励ましたり、家族との間のストレスを緩和してくれたりする役割を果たしている。近所や地域の人々の暖かい一言は、異国で弱っている女性移民に大いなる慰めとなり、彼女らがこの地域で生きていく勇気を与えてくれる。しかし、中国人女性が入った地域のすべてが受け入れてくれるわけではない。外国人に無関心な人が多い地域もあれば、嫁いできた中国人女性を色眼鏡で見て、ときに相手の出身国や文化を見下す人や、根拠のない流言をする人がいる地域もある。異国で生活を営むことは並々ならぬエネルギーが必要となるが、こうした非協力や無理解に出会うと、ときどき女性たちは身も心も傷だらけになる。

6.おわりに

以上、送出国と受入国の両方から日中国際結婚を検討してきた。これまでは、国際結婚の理解において受入れ社会に関する文脈が重視されてきた。その結果、中国を含むアジアから来た女性結婚移民は、経済的分析の俎上で彼女らを迎える社会基盤の成り立ちが検証されてきた。しかし、中国人女性は経済的な理由だけではなく、女性であるがゆえのジェンダー的な理由にも左右され、国際結婚という選択肢に迫られたことがわかる。中国人女性の来日前に置かれた状況を理解し、その多様性を認識することが必要である。

また、中国人女性結婚移民は、日中いずれの国でも狭間に位置づけられ、

とりわけジェンダーの観点から周辺化される経験そのものが人権侵害だと考える。中国において、再婚に向かう女性への蔑視、離婚女性や農村女性の生活の困窮、グローバル化の進行のなかでの農村若年女性の使い捨て、都市でリストラされた中年女性の生活再建の困難、出稼ぎ女性の結婚難問題などは、伝統的な儒教的女性差別が社会に根強く残っており、社会構造的に女性を弱者化する証である。また、グローバル化時代に発展途上国女性の先進国男性側からの選別を許容し、「商品」化する産業ともいえる国際結婚紹介所の存在は、まさに周縁に位置づけられる女性の人権を蹂躙することになる。

そして、日本社会において一方的に生産力・再生産力としての「農家の嫁」を押しつけること、女性の出身文化への無理解、蔑視、同化圧力などは、当の女性の人権を深く侵害することになる。それだけでなく、日本で蔓延している先進国男性と発展途上国女性の支配構造はさらに強固化する構図となる。

さらに、現在の仲介型国際結婚はカップル双方の努力で結果的に安定した家庭を築いているカップルも存在するものの、一定の割合で女性移民自身に悪影響を及ぼしており、残念ながら肯定的に評価できるものではない。それだけでなく、中国での実地調査で明らかにされているように、このような仲介型国際結婚は、中国社会が抱く日本に対する認識に悪しきメッセージを送っており、しかも中国社会の男女比や経済秩序への影響などの社会構造にまで無視できない問題を生じさせていることを十分認識する必要がある。

最後に、女性の人権保護のため、国際結婚紹介所に関する管理・監督は、両国において連帯して解決すべき重要な課題であることを指摘する。

※　本稿は、トヨタ財団の研究助成を受けて実現することができました。感謝の意を表します。また、インフォーマントである中国人女性および家族、さらに政府関係者に心より御礼を申し上げます。本稿は、家族社会学研究19巻2号（2007年）に掲載された「中国人女性の『周辺化』と結婚移住」の一部と重なっていることをお断りします。

《参考文献》
・池田恵理子「問題をはらむ国際結婚――女性ディレクターの眼より」佐藤隆夫編著『農村と国際結婚』（日本評論社、1989年）71～112頁
・鶴見utf利夫＝川村はじめ『お嫁さん、欲しい』（星雲社、2003年）
・桑山紀彦『国際結婚とストレス――アジアからの花嫁と変容するニッポンの家族』（明石書店、1995年）
・厚生労働省ホームページ「夫妻の国籍別にみた婚姻件数の年次推移」「夫妻の国籍別にみた離婚件数の年次推移」『人口動態統計年報』（2008年）
・賽漢卓娜「中国人女性の『周辺化』と結婚移住――送り出し側のプッシュ要因分析を通して」家族社会学研究19巻2号（2007年）71～83頁
・沢田ゆかり「グローバル化と華南の女性」神奈川大学人文学研究所編『ジェンダー・ポリティクスのゆくえ』（勁草書房、2001年）208～253頁
・瀬地山角『東アジアの家父長制』（勁草書房、1996年）
・内藤考至『農村の結婚と結婚難――女性の結婚観・農業観の社会的研究』（九州大学出版会、2004年）
・中国民政部『中国民政統計年鑑』（中国統計出版社〔中国〕、2008年）
・満蒙同胞援護会編『満蒙終戦史』（河出書房新社、1962年）
・宮坂靖子「中国の育児――ジェンダーと親族ネットワークを中心に」落合恵美子＝山根真理＝宮坂靖子編『アジアの家族とジェンダー』（勁草書房、2007年）100～120頁
・山下清海『エスニック・ワールド――世界と日本のエスニック社会』（明石書店、2008年）
・山田昌弘『結婚の社会学（丸善ライブラリー206）』（丸善、2000年）
・李卓『中日家族制度比較研究』（人民出版社〔中国〕、2004年）

Transformation of Rural Communities and Local Governments' Policies for International Marriage

国際結婚をめぐる自治体施策と地域社会の変化

武田里子●TAKEDA Satoko

1. はじめに

グローバル化の進展による人の国際移動の拡大は、日本国内における国際結婚件数の増加をもたらしている。1965年にはわずか0.4％だった婚姻件数に占める国際結婚の割合は、2006年には6.1％と15倍に増加した。2006年の結婚総数730,971件のうち夫婦の一方が外国人である婚姻件数は44,701組、うち「夫日本・妻外国」の組合せが8割を占める。

石川（2007）は、総務省統計局から提供を受けた2000年国勢調査のマイクロサンプルデータを使って、国際結婚に関する興味深い事実を明らかにした。1995年から2000年に日本に新規に流入した結婚移民女性を「妻」と「嫁」（世帯主の息子の妻）に分けると、外国人登録者のわずか3.2％が暮らす東北6県と新潟県に、なんと「嫁」の28.7％、3人に1人が暮らしているのである（同上277頁）。これは、自然増とは異なる要因が、この地域の国際結婚を増加させていることを示唆する。大内（2005）は、1955年から1985年までの農家世帯の縮小パターンを、東北型（宮城型）、西南型（鹿児島型）、近畿型（滋賀型）の3類型に分け、さらに家族規模が大きく縮小した東北型と西南型は、前者には直系家族制規範が、後者には夫婦家族制規範が強く働いていることを示した。

80年代後半に山形県から始まった行政主導の国際結婚事業の理由づけは、「ムラとイエの存亡のため」であった。その主張は社会的批判を浴びたが、それを必要とするほどの危機的状況が農村にはあり、そしてその状況は今も変わらず、「集落分化」型過疎[1]が進行するなど、よりいっそう厳しさを増している。本稿では、自治体施策として取り

---

1) 過疎農山村地域のなかでも、条件の不利な集落ほど、高齢化が進み、少子化が進み、少子化を通り越して無子化に至ることをいう（堤＝徳野＝山本編、2008、148頁）。同一自治体内での人口移動は統計に現れない。また、過疎自治体の多くが隣接する自治体に吸収合併され、統計データから消えてしまっているため、過疎の状況が見えにくくなっている。そのなかで集落の消滅が始まっていることに留意する必要がある。

組まれた、いわゆる「ムラの国際結婚」の具体的事例の考察から、「ムラの国際結婚」の今日的意味について述べる。

2. 行政主導による国際結婚と結婚移民女性の定住支援──山形県最上地域

結婚移民女性への定住支援に関しては、「最上方式」と呼ばれる行政主導型の多面的ケアシステムを確立した山形県最上地域が先進地とされる。最上地域の事例に基づく論考も多い（柴田、1997；渡辺、2002など）。

最上地域は、山形県東北部に位置する1市4町3村（新庄市・金山町・最上町・船形町・真室川町・大蔵村・鮭川村・戸沢村）で構成される地域で、8市町村のうち6町村は過疎地域自立促進特別措置法による過疎地域である。1986年に大蔵村が行政主導で10人のフィリピン女性との結婚を成立させると、1987年に真室川町、1988年に鮭川村、そして1989年には戸沢村と他の3町もそれに続いた。この時点で7町村が迎えた「外国人花嫁」は50人に達していた。

当初、迎え入れた結婚移民女性の支援は農業後継者対策の一環とされ、農業委員会が所管していた。しかし、結婚移民女性の抱える問題が、言葉、生活習慣、宗教、文化の違い、嫁姑問題、出産育児など多方面に及ぶことが明らかになるに従い、地域全体で取り組む必要性が認識されるようになった。1989年、その事業の推進母体として最上広域市町村圏事務組合の中に国際交流センターが設置された。

最上地域が取り組んだ結婚移民女性の定住支援施策は、①日本語教室と日本語講師養成講座などコミュニケーション支援、②保健所やボランティア団体と連携した保健・医療支援、③連れ子を含めた国際結婚家族の子どもの教育支援、④地域社会の異文化理解への啓発活動などである。最上地域の先進性は、第1に、外国人も「住民」であり、日本人と同様に市町村の行政サービスを受ける権利を有するものであり、外国人の定住支援は市町村固有の義務であるとの基本姿勢を確立したこと、第2に、日本語教室には結婚移民女性同士の情報交換や、彼女たちのニーズを汲み取る多面的な機能を持たせ、教室活動から汲み上げられた課題解決を行政がバックアップする体制をとったこと、第3に、保健所、国や県の行政機関、ボランティア団体、有識者などとのネットワーク構築に意識的に取り組んだこと、第4に、結婚移民女性が直面する課題の多くが農村社会が積み残してきた問題であるとの共通認識に立ち、結婚移民女性の支援事業と地域づくりとを連動させる視点をもって取り組んだことが挙げられる。最上地域における自治体の広域連携による、結婚移民女性のアイデンティティを尊重した取組みは、全国的な注目を浴び、1994年には国土庁長官賞を受賞した。

2003年、国際交流センターは所期の目的を達成したとして閉所された。最後の「平成14年度国際交流センター

の概要」を見ると、2001年の新庄市を除く7町村の外国人登録者数(300人)と町村で調べた結婚移民女性の数(296人)はほぼ同数である。おそらく、国際結婚事業が始まるまで同地域の外国人居住者はほぼゼロであったと思われる。そうした地域で突如、外国人女性を家族の一員として迎えることになったのである。それは、受入れ家族にとっても地域にとっても、ある意味で緊急事態というべき状況であった。都市部のように外国人支援の経験をもつ市民や市民組織に協力を期待することはできない。この事態に対処するには、行政が主導する以外に方法はない。とはいえ、行政にとっても初めて直面する課題だった。最上地域の経験から学ぶべきことは、自らに不足する資源を、自らを開くことによって、広く外部から動員した、その手法であろう。

2006年8月、国際交流センター設立の経緯やその後の状況を確認するため、センターの設立に関わった戸沢村職員A氏から話を聞いた。A氏は、戸沢村では国際結婚事業を開始する前から、アジア学院(栃木県)で学ぶアジアやアフリカからの外国人研修生のホームステイを引き受けるなど、国際交流の蓄積があり、それが結婚移民女性の支援体制づくりでリーダーシップを発揮できた理由だと強調した。

戸沢村の国際結婚事業は1988年に当選した村長の選挙公約であった。村長は就任後まもなく事業を予算化し、企画調整課を所管部署に定めた。このとき国際結婚事業の担当者に任命されたのがA氏である。A氏は村内の独身男性のリストアップから始めて、一人ひとりの話を聞き、候補者をとりまとめた。7,000人規模の自治体で小回りが利き、首長の特命事業であったことが、庁内の横断的ネットワークを構築し、国際交流センターで主導的役割を果たすことができた要因である。しかし、首長の特命事業であることは、事業を推進する強みになると同時に、首長の交代によって容易に政策が変更される危うさも内包する。

戸沢村の結婚移民女性は、1989年の12名から2001年の37名へと3倍に増加した。その後の状況をA氏に確認すると「現在40名」だという。5年間に3名の増加は予想外に少なく、その理由を尋ねると、80年代後半に未婚男性が見せたような、結婚への意欲が感じられなくなっているという。1980年から2005年までの戸沢村の人口減少率22.2%は、最上地区(13.3%)の中で最も高い。過疎が一定程度進んでしまうと、家族形成そのものに対する意欲が低下することを示しているのかもしれない。

3.自治体の結婚支援の現状──秋田県上小阿仁村

矢口(2005)が全国3,186自治体の首長を対象に実施した「地方公共団体等における結婚支援に関する調査研究最終報告書」によれば、未婚率の上昇を7割の首長が自治体にとって問題

だと認識し、とくに1万人未満の小規模自治体では、未婚率の上昇を「単に個人の結婚問題としてだけではなく地域全体の課題として捉えている」ことが示された。また、人口1万人以上の自治体では41％、人口1万人未満の自治体では62％が、自治体として何らかの結婚支援事業に取り組んでいる。具体的な支援内容で多いのは、結婚相談員（無給）の委嘱である（約3割）。また、人口1万人以上の自治体の0.9％、人口1万人未満の自治体の4.4％は、「国際結婚を促進するための支援事業を行っている」。行政主導の国際結婚事業は過去のものではない。しかし20年前に「アジア女性の商品化」と批判された手法とは異なる方法が模索されているようである。

具体的な事例を見てみよう。たとえば、2007年に行われた秋田県上小阿仁村村長選挙では、行政による国際結婚の推進を公約に掲げた小林宏晨氏が当選した。上小阿仁村には、2004年まで、国際結婚カップルには30万円の結婚祝い金を支給する制度があった。1987年から2004年までに21組の国際結婚カップルが誕生し、現在も19組が村内で暮らしている。しかし、行政が結婚に介入することの是非をめぐる議論の末、2004年にこの制度は廃止された。小林候補は、結婚支援制度の復活と国際結婚の推進を訴えたのである。

上小阿仁村は「平成の大合併」に際して、単独立村を選択した自治体のひとつである。しかし、人口2,955人（2008年11月）、高齢化率44％、25歳から55歳までの男性未婚率43％（209人）という状況は、「ムラの存亡」を実感させる厳しいものがある。未婚率の上昇と合計特殊出生率の低下は全国的に共通する傾向だが、高齢化率は都市と農村では大きな開きがある。たとえば、2005年度の高齢化率は、全国平均20.5％、東京都18.5％に対して、東北6県と新潟県の平均は23.8％、秋田県内の過疎市町村の平均は33.8％[2]である。一定の人口規模があり、高齢化の進行が緩やかであれば、少子化の影響はそれほど深刻にはならない。むしろ男女とも未婚で働いているほうが、自治体財源への貢献度が高くなる場合もある。過疎化と少子高齢化による地域社会の維持・再生への危機感は、80年代後半に「ムラの国際結婚」が始まったときよりも、よりいっそう重く農村社会にのしかかっている。

在住外国人交流会で結婚支援を話題にした小林村長のもとに、フィリピン人妻たちから、多くの家族や親戚、友人などの写真と履歴書が届けられ、2008年10月、上小阿仁村は広報紙で、フィリピン女性との結婚希望者の募集を始めた[3]。定住フィリピン人妻のネットワークを活用した結婚仲介を試みよ

---

[2] 2005年国勢調査をもとに、全国過疎地域自立促進連盟の「全国過疎市町村マップ」に掲載されている秋田県の3市4町2村の高齢化率を算出したもの。
[3] 「嫁不足…やっぱり国際結婚——秋田・上小阿仁村『行政仲介』を復活」（2008年11月21日付産経ニュース地方版）。

うというものである。連絡先は村長である。地方や農村の外国人住民（多くは結婚移民）は、絶対数は少ないけれども、一人ひとりが名前をもった存在として、家族やコミュニティ、子どもの学校関係や就労先で日本人との日常的な関わり合いのなかで暮らしている。この日本人との相互関係の深さは、高い流動性や匿名性のなかに紛れ込むことのできる都市の外国人と異なる点である。農村では一人ひとりの存在の重みが違うといえるのかもしれない。ここに結婚移民女性が地域社会の変容を担う主体として力を発揮できる潜在的可能性がある。

4. 20年を経た「ムラの国際結婚」──新潟県南魚沼市

　南魚沼市は新潟県南部に位置し、「平成の大合併」で3町を合併して市制に移行した人口62,000人ほどの地方都市である。外国人登録者738人（人口比1.19%、2008年3月現在）の構成は、「永住者」や「日本人の配偶者等」など定住外国人は全体の3分の1で、留学生（40%）や研修・技能実習生（15%）など短期で流動性の高い外国人が多い。産業別就業人口（2005年）の分布は、第1次産業4,060人（12.5%）、第2次産業10,221人（31.6%）、第3次産業18,045人（55.8%）。第1次産業の総生産額に占める割合6.6%は新潟県（2.3%）の約3倍、第1次産業就業人口1人当たりの生産額431万円は新潟県（263万円）の1.6倍と、県内では第1次産業の存在感が比較的高い自治体である。同市はブランド米コシヒカリの全国有数の産地として知られる。

　また、南魚沼市は80年代後半の「ムラの国際結婚」で注目を集めた自治体のひとつでもある。1988年2月、新潟県社会福祉課（当時）が新潟県議会に提出した資料には、当時県内にいた122名のアジア人花嫁のうちの36%にあたる44名が南魚沼市居住（旧六日町25名、旧塩沢町15名、旧大和町4名）だったことが示されている（新潟日報社、1989、27頁）。ところが、「ムラの国際結婚」への社会的批判が高まるなか、マスコミ取材者と国際結婚当事者とのトラブルなども起き、南魚沼市では行政も当事者も口をつぐみ、結婚移民女性の存在は不可視化されてしまった。

　南魚沼市は、後述のとおり、行政と市民組織との協働による結婚移民女性の定住支援が始まって日が浅いが、20年の時間的推移を織り込んで「ムラの国際結婚」と地域社会との関係を考察できる数少ない事例地のひとつである。

(1) 結婚移民女性の概要

　結婚移民女性の実態は、2007年1月に実施した外国籍市民の実態調査[4]によって、初めてある程度明らかになった。この調査の回答者148名[5]のうち45名が日本人男性と結婚している外国人女性であった。これは現在180名前後と推計される結婚移民女性[6]の25%にあたる。45名の内訳は、30代と40代

で80％、国籍では、中国（15名）、フィリピン（15名）、韓国・朝鮮（10名）の3カ国のほかに、ルーマニア、ブラジル、ロシア、スリランカ、米国の国籍者が各1名である（表）。

桑山（1995）は、結婚移民女性の適応過程を、第1ラウンド（嫁いでから5年目くらいまで）と第2ラウンド（嫁いで5年目以降、または子どもが就学する頃）に分けているが、筆者の聞き取り調査で確認された自立の目処となる10年目以降を第3ラウンドとする。この区分を使って、南魚沼市の国際結婚の第1期、第2期、そして、市民組織による結婚移民女性の支援が始まる2002年以降を第3期と読み替える。

韓国人は10名とも第1期に来日している。フィリピン人は3期に分布しているが、業者仲介はなく、結婚のきっかけはすべて「偶然の出会い」と「日本にいる友人・知人による紹介」である。第1期には農業委員会が斡旋したフィリピン人女性が来日していたはずだが、回答者からはその存在が確認できなかった。第3期は中国人が16名中11名を占め、そのうちの4名は業者仲介である。業者仲介による結婚移民は、連れ子がなく、夫の親との同居率は、全体平均56％に対して78％と高い。また、3人に1人が「主婦」と答えていることから、業者仲介の結婚には、老親介護と家系維持が選択要因として相対的に強く働いていると推察される。さらに、その後の追跡調査により、結婚移民女性は市中心部よりも人口減少が進む周辺集落により高い割合で居住していることが明らかになった（図）。同一市内における過疎の不均衡な進行状況が、結婚移民女性の分布に現れているとみることができる。

次の2例は定住過程の第1ラウンドにいる結婚移民女性からのコメントである。「私たちみたいなお年寄りも子どももいる家庭の家事を一身に背負った専業主婦をもっと助けてほしいのです。もっと勉強の機会を与え、そして日本人と交流し、お互いに長を取り短を補って、共によりよい生活をつくっていきたいと思います」（30代・中国人）。「私たち専業主婦にもっと関心を持ってほしい。家には年寄りも子どももいるのに、仕事もしなければならない。そのうえ、言葉も通じなくて寂しくてしょうがない。国に帰りたくても、ここに夫も子どももいるので帰れない。時には気分がとても悪い。もっと私たちを理解し、助

---

4) 調査期間：2007年1月15日～同年2月14日。調査対象：16歳以上の外国人登録者630名。回答数148通。回収率23.5％。調査票言語：日本語・英語・中国語・韓国語・タガログ語。調査方法：郵送法。調査は㈶トヨタ財団助成による「新潟県魚沼地域における外国人花嫁の定住支援のためのネットワーク構築」事業として実施したもの。詳細は武田編（2007b）参照。
5) 148名の基本属性は、性別は、男性45％・女性55％、年齢は20代から40代で91％。主な在留資格は、留学47％、永住14％、日本人の配偶者等21％であった。
6) 19歳～61歳の女性で在留資格が「日本人の配偶者等」である者、および「永住者」である者を合わせると183人となる（2008年）。結婚移民女性は最初に在留資格「日本人の配偶者等」、在留期間1年または3年が付与され、その後、「永住者」への在留資格変更を申請するケースが多い。日系南米人2世にも「日本人の配偶者等」が付与されるが、183名に含まれるブラジル人は3名であるので、現在の結婚移民女性の数は約180名と推計した。このほかに、人数は不明だが、すでに日本国籍を取得している女性もいる。

表●結婚移民女性の属性

区分	国籍	年齢(代)	宗教	教育年数	将来構想	結婚	家族構成	夫の職業	妻の職業 現在	妻の職業 来日前	連れ子
国際結婚第1期 1987年〜1996年 居住歴10年以上 第3ラウンド	A	40	キ	18	—	恋愛	夫	教師	会社員	会社員	
	B	40	キ	17	永住	恋愛	夫子親	会社員	その他	専門職	
	K1	50	無	10	永住	母国	夫子親	会社員	パート	会社員	
	K2	40	無	8	永住	母国	夫子	サ業	サ業	専門職	
	K3	60	仏	8	永住	母国	夫	失業中	自営業	—	
	K4	50	無	11	帰化	業者	夫子	会社員	パート	サ業	
	K5	50	無	12	永住	業者	夫親	農業	経営	サ業	
	K6	50	キ	—	永住	業者	夫子親	会社員	パート	—	
	K7	40	無	14	帰化	日本	夫子	サ業	サ業	公務員	
	K8	40	他	21	—	日本	夫子	公務員	専門職	—	
	K9	40	仏	12	—	日本	夫	自営業	自営業	—	
	K10	70	キ	9	永住	日本	夫子	失業中	無職	—	
	P1	40	他	14	永住	日本	夫子	会社員	会社員	専門職	
	P2	30	キ	10	帰化	日本	夫子	会社員	会社員	パート	
	P3	30	キ	18	永住	日本	夫子親	会社員	会社員	会社員	有
	P4	40	キ	8	永住	恋愛	夫子親	失業中	主婦	サ業	
	P5	30	キ	10	帰化	恋愛	夫	自営業	会社員	その他	
	P6	30	キ	10	永住	—	本人の親	—	パート	—	
	P7	40	キ	12	永住	日本	子	—	サ業	—	
国際結婚第2期 1997年〜2001年 居住歴5〜10年 第2ラウンド	C1	30	他	16	永住	母国	夫子親	会社員	主婦	会社員	
	C2	30	無	11	帰化	業者	夫子親	自営業	サ業	専門職	
	C3	30	仏	16	帰化	日本	夫子	会社員	主婦	専門職	有
	C4	30	仏	12	永住	日本	夫子	パート	パート	会社員	
	P8	30	キ	11	永住	恋愛	夫子親	会社員	パート	—	
	P9	30	キ	6	永住	日本	夫他	会社員	サ業	サ業	
	P10	30	キ	14	—	日本	夫子	会社員	パート	教師	
	Rom	30	キ	14	永住	日本	夫子	自営業	主婦	専門職	
	Rus	30	無	15	永住	恋愛	夫	経営	パート	公務員	
	S	20	キ	11	永住	業者	夫子	会社員	主婦	会社員	
国際結婚第3期 2002年〜2007年 居住歴5年未満 第1ラウンド	C5	20	他	14	帰化	恋愛	夫親他	会社員	パート	会社員	
	C6	40	仏	8	永住	日本	夫子	専門職	主婦	会社員	有
	C7	40	無	10	永住	日本	夫子	公務員	パート	サ業	有
	C8	30	無	14	永住	日本	夫子親	会社員	農業	公務員	
	C9	30	仏	11	永住	日本	夫子親	農業	会社員	会社員	有
	C10	30	仏	8	帰化	日本	夫子	会社員	主婦	会社員	
	C11	30	キ	8	帰化	日本	夫	会社員	サ業	サ業	
	C12	20	無	12	永住	業者	夫子	会社員	主婦	—	
	C13	30	キ	10	永住	業者	夫親	会社員	パート	主婦	
	C14	30	無	11	帰化	業者	夫子	自営業	主婦	会社員	
	C15	40	仏	12	帰化	業者	夫親	農業	主婦	専門職	
	P11	20	キ	12	永住	恋愛	夫子親	会社員	サ業	その他	
	P12	30	キ	11	永住	恋愛	夫	会社員	会社員	パート	
	P13	30	キ	11	永住	日本	夫子親	会社員	主婦	失業	
	P14	30	キ	10	—	日本	夫親	—	失業中	パート	
	P15	20	キ	10	永住	日本	夫子親	会社員	主婦	会社員	

表中の表現:
1.国籍:A(米国)、B(ブラジル)、C(中国)、P(フィリピン)、K(韓国)、Rom(ルーマニア)、Rus(ロシア)、S(スリランカ)
2.宗教:キ(キリスト教)、仏(仏教)、無(とくになし)、他(その他)
3.結婚(結婚のきっかけ):恋愛(偶然の出会い)、日本(日本にいる知人等の紹介)、母国(母国にいる知人等の紹介)、業者(結婚仲介業者による紹介)
4.家族構成:夫子親(配偶者・子ども・配偶者の親)+結婚移民女性
5.職業:サ業(サービス業)
出典●南魚沼市に暮らす外国籍住民調査データより筆者作成。

図●人口増加率と国際結婚比率

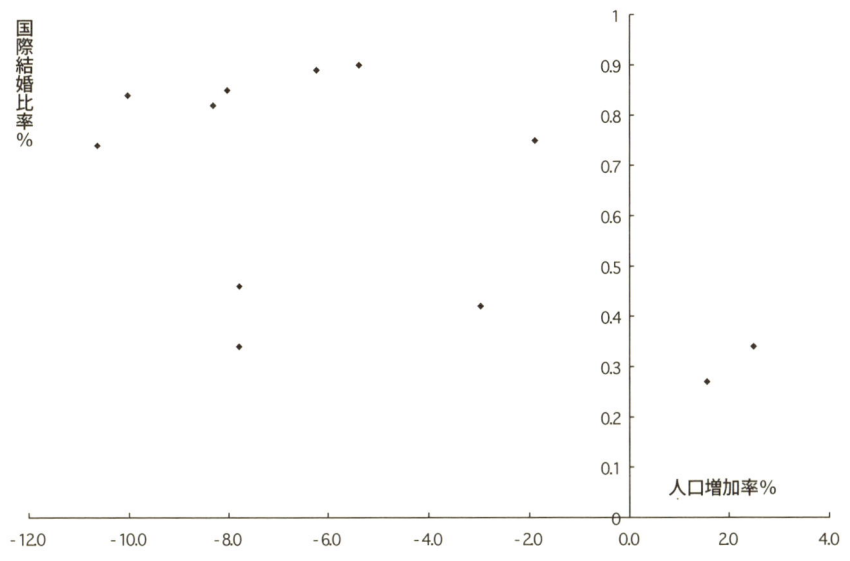

注●居住集落まで把握できた結婚移民女性は外国人登録データ183名のうち105名（補足率56.8%）である。地区ごとの結婚移民女性の捕捉率は、旧六日町（六日町・五十沢・城内や・大巻）92名中42名（45.7%）、旧大和町（浦佐・藪神・大崎・東）38名中23名（60.5%）、旧塩沢町（塩沢・中之島・上田・石打）52名中40名（76.9%）である。本図から人口減少地区で国際結婚家族の比率が高いという相関を読み取ることができる。相関係数の推定値：-0.57。

けてください」（30代・中国人）。

図で人口増加率と国際結婚比率が負の相関にあることを示した。結婚移民女性は市の周辺集落に偏在する傾向があるのに対して、日本語教室や国際交流イベントなどは、市中心部で行われている。このため、来日当初の最も支援が必要な段階にある結婚移民女性は、家族の協力がなければ、適応過程に役立つ社会資源や機会を利用することができない。この状況を改善する方途としては、集落組織や婦人会など既存組織に結婚移民女性の支援機能をもたせることが考えられる。

(2) **留学生交流から定住外国人支援への展開**

南魚沼市は農村地帯に位置するものの、市民の37%は外国人との付き合いがある（武田編、2007）。この数字がいかに高いかは、内閣府が2000年に実施した「外国人労働者問題に関する世論調査」の結果と比較してみるとわかる。この調査で外国人との接触機会があると答えたのは、東京都区部22.0%、政令指定都市10.2%、中都市（人口10万人以上）11.3%、小都市（10万人未満）8.1%、町村5.6%である。

南魚沼市の国際化、および地域の異文化理解の促進に大きな影響力を発揮してきたのが、1982年に開学した国際大学大学院の留学生である。同大は約300名の学生の8割を50カ国・地域からの留学生が占める。教育言語が英語であるために、「国際交流は英語

が話せる『特別な人たち』がするもの」、との印象を与えている面もあるが、留学生の存在が市民に異文化接触の機会を与えていることは確かである。しかし、留学生交流に偏重した国際交流は、一方で地域に暮らす結婚移民女性など定住外国人への関心や気づきを遅らせた面も否定できない。

結婚移民女性の定住支援の転機になるのが、2002年、「多文化共生の地域づくり」を目的に掲げた「うおぬま国際交流協会」(以下、通称「夢っくす」を用いる)の発足である。20代から70代までの幅広い年齢層の会員を擁する「夢っくす」は、ネットワーク型組織を志向し、日本語と英語のプログラムによる市民と留学生の双方向の日常的な交流の仕組みを作り出した(武田、2003)。「夢っくす」は、半年ほどで100名を超える会員を組織したが、これは同会が、「特別な人たち」のする国際交流に参加をためらっていた市民の受け皿になったことを示唆する。さらに重要だったのは、「夢っくす」が市民と結婚移民女性とをつなぐ役割を担ったことである。

(3) 日本語教室の開設

南魚沼市の国際結婚家族は、確かに増えてはいるが18,000世帯の1%でしかない。一人ひとりに着目すれば、「日本語ができなければここでは生きていけないと思った」というように、日本語習得は死活問題である。しかし、日本語支援を地域の課題にするには、何らかのかたちでそれを公共の場に持ち出す主体がいなければ事態は動かない。当事者は、結婚は「個人の問題」であり「プライバシー」だとする言説のもとに、声を出すことをためらう状況にあった。潜在的に日本語学習支援の高いニーズがあったことは、「夢っくす」が活動を始めるとまもなく、留学生向け日本語教室に「妻を入れてほしい」という日本人配偶者からの依頼が増えるようになったことからもわかる。これは、「夢っくす」が組織づくりのために行った広報活動が、地域に埋もれていた日本語学習支援に対するニーズを掘り起こすことになると同時に、「夢っくす」会員と結婚移民女性が出会う場をつくり出した。

同じ「嫁」の立場に共感する女性たちは、結婚移民女性の日本語支援にとどまらず、生活相談なども引き受けていった。しかしまもなく限界も明らかになる。留学生が生活の利便のために必要とする日本語と、定住を前提にする結婚移民女性が必要とする日本語には相違があり、また、結婚移民女性たちのニーズをすべて受け止めるには、「夢っくす」の組織的限界もあった。行政への働きかけを始めた矢先、市内に住む中国人妻(当時33歳)が自宅で身を殴打し、重傷を負わせたとの衝撃的な事件報道があり、結婚移民女性の存在が一気に可視化された。2005年11月のことである。日本語教室の開設はその7カ月後。機が熟していたかのような急展開であった。

南魚沼市の日本語教室の開設は、行政も集落組織など既存組織も看過

してきた結婚移民女性の支援ニーズを市民組織が提起したもので、市民組織生成という視点から農村社会の変化と捉えることができる。

5.おわりに

　最後に、行政主導の国際結婚事業に立ち戻りたい。戸沢村も含めて実際に行政担当者が見合いツアーを引率したケースは、初期の1～2回である。自治体が国際結婚事業への直接的な関与から撤退したのは、社会的批判への応答というよりも、費用対効果の問題も大きかったと思われる。初期に国際結婚事業に取り組んだ自治体担当者は、応募男性たちの相談に乗り、結婚相手の国の文化や言葉の勉強会なども行っていた（新潟日報社、1989）。行政仲介が問題だったというより、その関与が中途半端に終わったために、その後の民間業者の無責任な結婚仲介が問題を拡大した側面がある。行政は、「ムラの存亡」の旗を降ろさず、情報提供や相談業務、民間業者の監視などの分野で関わり続けるべきだったのではないだろうか。

　20年の時間的推移は、国際理解教育の浸透や市民組織の生成、定住外国人の増加などの変化を農村地域にももたらし、日本人と外国人とが共に地域づくりに取り組む条件を広げている。上小阿仁村の結婚移民女性との連携による国際結婚事業の試みもその現れである。結婚移民女性は家族の中だけでなく、介護や中小の工場、農業の現場などでも重要な労働力として地域を支えている。結婚移民女性たちが、どこで暮らそうとも潜在的な能力を発揮するのに必要な日本語習得の機会や定住支援が受けられる体制を整えることは、共生のための最低条件である。そのためには、韓国が実現した「外国人処遇基本法」（2007年）や「多文化家族支援法」（2008年）に準じる法律を、日本でも立法化する必要がある。

《参考文献》
・石川義孝編『人口減少と地域――地理学的アプローチ』（京都大学学術出版会、2007年）
・大内雅利『戦後日本農村の社会変動』（農林統計協会、2005年）
・桑山紀彦『国際結婚とストレス』（明石書店、1995年）
・矢口悦子『地方公共団体等における結婚支援に関する調査研究』（財団法人こども未来財団、2004年）
・柴田義助「国際結婚の進展による農村社会の国際化」、駒井洋＝渡戸一郎編『自治体の国際化政策』（明石書店、1997年）
・武田里子「国際大学における新たな留学生支援の試み――夢っくすの事例」大学と学生470号（文部科学省高等教育局学生課編、2003年）
・武田里子編『新潟県魚沼地域における外国人花嫁の定住支援のためのネットワーク構築――報告書』（うおぬま国際交流協会＝国際大学、2007年）
・堤マサエ＝徳野貞雄＝山本努編『地方からの社会学』（学文社、2008年）
・新潟日報社学芸部編『ムラの国際結婚』（無明舎、1989年）
・渡辺雅子「ニューカマー外国人の増大と日本社会の変容」宮島喬＝加納弘勝編『変容する日本社会と文化』（東京大学出版会、2002年）

Domestic Violence against Migrant Women and NGO Initiatives

移住女性に対する DVの現状とNGOの取組み
DV法と移住女性、当事者女性のエンパワメント

山岸素子●YAMAGISHI Motoko

1. はじめに

　日本で、外国籍女性と日本人との国際結婚が急増した1980年代後半から20年の年月が経過している。農村地域での業者の斡旋などによる国際結婚、そして都市部での出会い型の国際結婚、最近は先に移住してきた同国人による紹介やインターネットなどを通じた業者の斡旋による結婚も増えてきている。筆者は、1990年代初頭に外国人支援団体ネットワーク組織の事務局を担ったことが契機となって、それ以降、すでに20年近くにわたり、移住外国人の支援に携わってきた経験を持つ。国際結婚して移住してきた女性たちの20年前と現在を比較してみると、日本に定住し、家庭や社会の中でもその存在を示し、地域社会に新しい力を吹き込んでいる移住女性たちの姿が増えてきたことを実感する。しかしながら一方で、依然として外国人や女性であることで差別や抑圧を経験している女性たちの現実に直面することも多い。

　1990年代の後半から、支援団体などへの相談で顕著になり始めた移住女性へのドメスティック・バイオレンス(以下、DV)の多くは、国際結婚や同居関係にある男女の間で、日本人であり男性である夫やパートナーから、移住者であり女性であるという社会的に弱い立場に置かれた移住女性に向けられた暴力であった。そうした意味で、DVの被害女性の置かれた状況は、多くの移住女性が共有する日本社会での差別や暴力の経験を最も象徴的に表しているものといえる。その実態は、非常に深刻であるにもかかわらず、一部の支援関係者を除いては、あまり知られてこなかった。一方、このような苛酷な状況を経験してきた女性たちのなかには、周囲の人々やNGOなどによる支援に出会い、被害からの回復とエンパワメントを経験し、暴力がなく人権が尊重される社会の実現を願って活動に参加する者も出始めている。こうした移住女性当事者の力が、DV法の改定や諸制度の改善に大きな影響を与えてきた現実

を、筆者はともに活動するなかで経験してきた。

本稿では、筆者が1996年からカトリック教会の外国人支援団体(横浜教区滞日外国人と連帯する会)の職員として働いた経験および、その後、移住女性の当事者たちが中心となって設立したNGO「カラカサン～移住女性のためのエンパワメントセンター」(以下、カラカサン)で活動してきた経験から、移住女性の経験しているDVの現状や、NGOや支援団体による被害当事者女性への支援の取組みを報告したい。また、「移住労働者と連帯する全国ネットワーク」(以下、移住連)などの支援ネットワークの中で積み重ねられたDVの防止と被害者支援の関係制度改善に向けた働きかけの成果や今後の課題などについて報告したい。

2. NGOによる取組みの始まり

移住連の中に女性プロジェクトが発足したのは、1999年である。女性プロジェクトは、移住連に加盟する団体のなかでもとくに移住女性を対象とした支援活動に携わる団体や個人によって運営され、筆者はその事務局を担っている。当時、全国の支援団体に寄せられる移住女性からの相談は、国際結婚の中での諸問題、人身売買をめぐる問題、労働問題、妊娠、出産などリプロダクティブ・ヘルスに関する問題など多岐にわたっていた。しかしそのなかでもとくに集中していたのが、国際結婚などの中での夫やパートナーからの暴力や、関係が破綻したカップルの離婚に関する相談であった。

ドメスティック・バイオレンスとは、夫やパートナーなど、個人的で親密な関係において力の優位に立つ男性が、社会の性差別構造を背景に、暴力を使って女性を支配することである。「家族間および個人的関係における女性に対する暴力」(国連)として1990年代には国際社会において、ジェンダーに基づく暴力として認知されるようになった。1993年に国連総会は、「女性に対する暴力撤廃宣言」を満場一致で採択している。こうした流れを受けて、日本でも、1990年代半ばから民間シェルターが各地で設立され、被害女性への支援がようやくスタートするようになる。2000年になると国会でも、参議院の共生社会に関する調査会の中に超党派の議員によるプロジェクトチームが発足し、DV防止に関する法制定のプロセスが始まり、2001年の法律の成立と施行に至るのである。

こうした社会の動きと押し寄せる移住女性からの相談を背景に、移住連女性プロジェクトでは、2000年末頃からDV被害者の支援に焦点を当てた活動に精力的に取り組み始めた。DV法制定や法改正にマイノリティである移住女性の視点やニーズを盛り込むための働きかけのほか、被害の掘り起こしのための全国一斉ホットライン、多言語リーフレットの配布、全国の都道府県を対象とした外国籍女性へのDV施策に関するアンケート調査などである。こ

うした全国的な活動の展開のなかで、移住女性に対するDVの実態の深刻さや、DV法の実際の運用上、移住女性被害者がその救済の対象外に置かれている現実などが浮かび上がってきたのである。

　カラカサンが設立された2002年当時は、まさにこうした、DVに対する取組みが全国的にも拡がっていた時期である。移住女性とその子どもたちへのエンパワメント支援を掲げたカラカサンの活動は、設立当初は、DVに関する相談が3分の1を占め、暴力の被害を受けた移住女性と子どもたちの被害からの回復と、地域での自立生活の支援が活動の大きな柱となったのである。

3. 移住女性に対するDVの実態

　現在、DVの被害を受けている移住女性はどの程度存在するのだろうか？移住女性に限った調査ではないが、内閣府が2006年4月に公表した「男女間における暴力に関する調査」の結果によると、4人に1人の女性が身体的暴力を経験したことがあり、10人に1人の女性が配偶者からの暴力を何度も受けたことがあるという。法務省統計によると、2007年末の20歳以上の外国人登録女性の数は1,008,682人であることから、上記調査結果からの乱暴な類推となるが、少なくとも10万人以上の移住女性が、繰り返し暴力の被害を受けていることになる。また、厚生労働省によると、2007年度に一時保護されたDV被害者の実人員数4,549人の8.95％にあたる407人が外国籍であり、同伴家族の実人員数5,529人の9.59％にあたる530人が外国籍被害者による同伴家族であった。これらは深刻な被害の一角にすぎないが、日本人と外国籍女性の人口比で考えると、予想以上の高い比率で移住女性がDV被害に遭い、保護を受けている現実が浮かび上がる。支援現場の経験からも、移住女性と日本人男性のカップルの場合、日本人同士のカップルに比べてより高い割合でDVの被害を受けていることが推測される。

　移住女性の場合、男性優位社会の中で女性であるというだけでなく、外国籍であることから、日本での法的地位（在留資格）を夫に依存せざるをえない、日本語や日本の文化や慣習に習熟していないなど、夫に対し、圧倒的に弱い立場にあることが一般的である。また、母国の経済や家族の事情から、帰国する場所を持たない女性も多い。そうした移住女性の弱い立場につけこみ、女性を自分の劣位に置き、思うままに支配しようとして振るう暴力は、圧倒的な力の差ゆえに、凄まじい暴力へとエスカレートしていく場合が多い。しかし、どんなに暴力を振るわれたとしても、自らが日本にいることで、母国への仕送りなどで家族を支えているなどの背景事情がある女性たちは、簡単に暴力夫のもとから逃げることはできない。ほとんどすべての被害女性が、「誰のおかげで日本にいられると思っているんだ！」「言うことを聞かないと、ビザの手続をしてやらないぞ！」「子どもと二度と会えない

ようにしてやる」などの脅迫を経験している。離婚しても日本に在留できる可能性などについての正確な情報も届かないまま、夫の暴力に耐え忍ぶ女性たちがどんなに多いことか。そして、実際に在留資格の更新手続に協力してもらえずに超過滞在になっているケースや、結婚やその後の在留資格の手続にパートナーがまったく協力しないために超過滞在の不安定な身分のままに置かれている女性、パートナーの男性が子どもの認知や出生の手続にさえ協力せず、子どもが無権利状態に置かれているケースも少なくない。

都市部での出会いによる結婚などの場合、「結婚前はやさしい人だった。母国の家族の状況も理解して支援すると約束してくれた」と振り返る女性が多い。彼女たちは、日本人との結婚に、母国での貧困などから抜け出し、幸せになることを夢見て結婚を決意する。そのため、暴力を振るわれても、いつか相手が変わってくれるのではないかとの期待を持ち、関係を断ち切ることがなかなかできない。しかし長期にわたる暴力の経験は、移住女性が本来持っていた力を徐々に浸食し、女性たちから自尊心を奪い、心身をボロボロの状態にしていく。女性たちがとくにつらかったと語るのは、たとえば、「フィリピン人、役立たず、うそつき、貧乏人！」「おまえの料理はまずくて食べられない」「日本語をちゃんとしゃべろ！」といった、彼女たちの文化や社会的な背景に対する蔑視や罵りの言葉による精神的な暴力である。やることすべてに文句をつけられ、怒鳴られ、母国語や同国人とのつきあいを禁止されるなどの行動の制限を受けている場合もある。

DVの特質は、あらゆる手段を使い、繰り返しさまざまな暴力を振るうことによって、暴力的日常や環境をつくり出し、女性の生きる力と自尊感情を奪っていくことにあるといわれるが、移住女性に対する暴力には、身体的、精神的、性的、経済的暴力など、日本人女性の経験と共通する暴力のほか、在留資格などの不安定な法的地位を利用した暴力、文化社会的偏見に基づく暴力などの特有の暴力が加わるのだ。深刻な暴力の被害を受けながらも、言葉の壁や社会制度への精通度などから、移住女性が支援にアクセスすることは容易ではない。暴力的環境の中で、自身をダメな、価値のない存在と認識させられ、逃げることができずに苦しんできた女性たちが、ついにその関係を断ち切るきっかけとなるのは、「包丁を突きつけられて殺すと脅された」「首を絞められ、窒息しそうになった」「ボコボコに殴られ続け、気がつくと頭から血が流れ出ていた」などの、命の危険を感じる暴力を経験するときであったり、また、身体的な暴力が子どもたちにまで及んだときであったりする。こうした極限の状態に追い詰められてなんとか逃げることを決意した女性たちは、同国人の友人やNGOなどに助けを求め、ようやく支援にたどり着く。

4. 当事者参画によるDV法制度への働きかけ
——成果と課題

　暴力によって心身ともに傷つき、自尊心や生きる力を奪われた移住女性には、どのような支援が提供されるのだろうか？

　2001年に制定された「配偶者からの暴力の防止及び被害者の保護に関する法律」（以下、DV法）はその前文で、DVは「女性に対する暴力」であることを明記し、さらにDVが「犯罪となる行為」であると宣言した。法の制定によってDVが公式に認知され、被害が顕在化したことには、大きな意義がある。しかしその一方で、制定当時のDV法の中心的な機能は、各都道府県に設置が義務づけられた「配偶者暴力相談支援センター」（以下、DVセンター）などでの相談支援と緊急時の一時保護、違反した場合に加害者に刑事罰が科される「保護命令制度」など、被害者の安全確保であり、いわば、DV被害者支援の最低ラインを保障するものでしかなかったともいえる。被害当事者やその支援者にとっては、法制定のとりあえずの意義は認めるものの、多くの課題を残した内容であり、法施行直後から次の法改正に向けたさまざまな取組みが始まることになった。

　移住女性の視点から見れば、DV法制定によって、取り急ぎ整備された被害者への支援機能は、まったく不十分なものでしかなかった。多言語で対応できる相談窓口は少なく、被害女性が相談するためには、支援団体や友人などの通訳や同行支援が必要であった。また、入管法の在留資格制度や、被害女性の母国などの背景事情についての理解のなさから、関係機関での相談で、帰国を促される、支援を断られるなどの二次被害の例が後を絶たなかった。また、一時保護先のシェルターでも、十分に訴えを聞いてもらえず、離婚や帰国を一方的に勧められたなどの訴えも少なくなかった。被害者が在留資格を喪失している場合、入管への通報を恐れて相談にすら行けない、という状態だった。また、被害者の生活再建などの手立てとなる社会福祉の諸制度は在留資格のない外国人には適用されないことから、在留資格を喪失した被害者は、実質的に一時保護などの支援の枠外に置かれていた。

　DV法による支援を移住女性にも届くものにするために、移住連の女性プロジェクトでは、国や都道府県に向けて、積極的な提言活動をスタートさせた。2003年に参議院共生社会に関する調査会にDV法改正プロジェクトチームが設置されると、全国シェルターネットの呼びかけにより、「DV法を改正しよう全国ネットワーク」が発足した。移住連もこのネットワークに参加して、プロジェクトチームの超党派議員や関係省庁との意見交換を重ねていく。DV法改正の運動のなかで特筆すべきことは、被害当事者である女性たちが、ロビイングに積極的に参加し、自らの経験を語り、法改正への提言を行ったことである。移住女性の被害当事者も、意見交

換会の中で何度も発言の機会を与えられた。自らもDVのサバイバーであるカラカサンのスタッフは、2度の結婚の中で経験した凄まじい暴力、フィリピンから連れてきた娘への性的暴力や逃げた後の夫からの執拗な追跡などの経験を語った。最初の夫からの暴力のときには、日本の役所からもフィリピンの大使館からも一切支援を受けることができず、自分の力で逃げて生き延びてきた。また別の被害女性は、日本人のパートナーとの間に4人の子どもがいたが、子どもを含めて在留資格がない状態に置かれ、公的な支援を求めることができず、暴力にひたすら耐え忍ぶしかない年月を過ごした。命の危険を感じて何度か家を飛び出したが行き場がなく、幼い子どもたちを抱えて公園で野宿をしたこともある。民間のシェルターでの保護の後、カラカサンなどの支援によってアパートでの自立生活を始めたが、生活保護の援助も受けられず、家に子どもを残して昼も夜も働かなければならない生活の苦しさを語った。

こうした移住女性の被害当事者の訴えに、意見交換会の場は静まりかえった。参加した議員や省庁関係者にも移住女性被害者の置かれた苛酷な状況について理解してもらう機会になったと思う。移住連は改正課題の第一目標を、「法の対象に、国籍や在留資格を問わないすべての被害者を含むことの明記」に定め、被害当事者である移住女性とともに、議員の個別訪問などのロビイングを重ねていった。約1年にわたるこうしたプロセスを経て、第1次改正DV法が、2004年に成立、施行された。議員と支援NGO、そして被害当事者の連携と協力のもとに達成したこの法改正は、立法に関わった議員たちから「市民立法」と呼ばれた。この改正の大きな柱は、①暴力の定義と被害者の範囲の拡大、②保護命令の拡充、③「自立支援」についての行政の責務の明確化、そして、④マイノリティ被害者への配慮規定が置かれたことである。④について具体的には、法の条文に「被害者の国籍、障害の有無等を問わずその人権を尊重すべき」との規定が盛り込まれたことである。さらに、改正法の施行時に策定された国による基本方針の中には、「法が対象としている被害者には、日本在住の外国人(在留資格の有無を問わない)……も当然含まれていることに十分留意しつつ、それらの被害者の立場に配慮して職務を行うことが必要である」と明記された。また、この法改正の過程で、在留資格のない被害者が入管への通報を恐れて公的支援にアクセスできないという事態への対応として、法務省入管局から「DV被害者の相談や一時保護については、必ずしも通報義務を優先しなくともよい」との通知が出された。当事者女性の力によって達成した、2004年の法改正におけるこれらの成果は、その後の移住女性DV被害者の支援施策の充実に向けた大きな一歩であったと評価できる。

一方、第1次改正後に残された課題も多くある。移住女性の関連で最も大きな問題は、入管法などの関連法により、在留資格を喪失した被害者に、実

質的な保護と支援が届かない点であった。第1次改正以降、在留資格を喪失している被害女性がDVからの救済を求めて警察に駆け込み、逆に入管法違反で逮捕される事件が何件か続いた。そのため、2007年の第2次改正の際に移住連が最も強調したのは、在留資格のない被害者の保護と自立支援をめぐる課題であった。超党派の議員立法として成立した第2次改正は、参議院の共生社会に関する調査会が解散していたため、第1次改正のときほど、当事者や支援者が意見を反映させる機会は多くはなかった。しかし、移住連でも上記の点について、個別に省庁などとの交渉を重ねた結果、第2次改正法施行の2008年1月には、警察庁から正規の在留資格のない外国籍DV被害女性への対応に関する通達が出されるに至った。また、2008年7月には法務省入管局にて、「DV事案に係る措置要領」が作成され、DV被害者への対応に関する通達が出された。私たちが長い間求め続けた、在留資格手続におけるDV被害者への配慮が、詳細にわたり具体的に明文化されることになった。こうした運用面の改善は、すべて当事者と支援者による運動の努力が実ったものである。

今後に残された大きな課題は、「自立支援」の実質的な中身づくりや、支援を担う民間団体への財政的援助を法律に明記することなどである。

5. 被害女性のエンパワメントの輪の拡がり——カラカサンの活動から

最後に、カラカサンの活動について紹介したい。カラカサンは、日本社会の中で弱い立場に置かれ、暴力や差別、偏見によって力を奪われた女性たちが、自らの尊厳を回復し、共にエンパワーしあうことによって社会の変革に向かって歩んでいくことをめざし、2002年に設立された。移住女性のDVサバイバーや国際結婚の当事者たちがスタッフやメンバーとなり、日本人スタッフらとともに、移住女性や子どもを対象とした相談、暴力被害女性へのフォローアップ・ケア（自宅訪問、ヒーリングのためのワークショップ、自助グループ支援、意識啓発セミナーなど）、移住女性の子どもを対象とした活動（自宅訪問、相互交流活動、多文化教室など）、国や地方自治体への政策提言、関係団体とのネットワークづくりなどの活動に取り組んでいる。なかでも、暴力の被害を受けた移住女性と子どもたちが、一時保護で避難したシェルターを出た後の自立に向けた道のりを共に歩む「フォローアップ・ケア」に力を注いでいるのが特徴である。

ある日本人のサバイバーが、「DVは脱出した後からが本当の闘い」と書いていたが、まさにそうなのだ。シェルターを出て、アパートで母子の生活を始めた直後から、たとえ生活保護を受けていたとしても、離婚手続、子どもの保育園や学校の手続、仕事探しなどを、夫

の追跡の恐怖に怯え、暴力の後遺症による心身の不調に苦しみながら、慣れない地域での孤独を抱えて、こなしていかなければならない。暴力の影響は、女性たちだけでなく子どもたちにも及んでいる。そのため、子どもが新しい生活の中で、急に不安定になり、さまざまな症状が現れることも稀ではない。こうしたなかで、母子が無理を重ね、孤立していくと、被害からの回復の道のりは遠くなる。また、経済的自立を急かされて無理に就労を始めた女性たちは、しばらくすると抑うつ症状が現れるなどで、仕事が続かないことも多い。DV被害からの回復には、本当に長い時間と多くの人々の支えが必要なのだ。DV法に謳われた自立支援の中身は現在、DVセンターなどでの住宅や就労などに関する情報提供などにすぎない。しかし筆者は、DV被害女性の自立支援の最初のステップは、まず、安心できる環境の中で、女性や子どもが尊厳や力を回復すること＝エンパワメントへの支援ではないかと考えている。ゆっくりと時間をかけて多くの人の支えの中で無理をせずに生活再建のプロセスをたどっていくことが、実は、その後の経済的、社会的自立に向けた近道にもなるのではないか。

カラカサンが活動の中で大切にしているのは、女性や子どもたちのエンパワメントとは、個別に達成できるものでなく、互いの関わりの中で生まれ、強められるという視点である。カラカサンのプログラムには、自助グループ支援のほか、ワークショップやセミナーなどの提供を通じた、女性たちの居場所やコミュニティづくり的な支援が多い。

カラカサンの活動のひとつである、フェミニスト参加型アクション・リサーチに参加したDV被害当事者である5人の女性たちのグループは、自らの経験の共有を通じ、暴力連鎖を打ち切り、とらえられてきた力関係を抜け出してきたエンパワメントのプロセスについての考察を試み、国や自治体の施策に対する提言をまとめた（この活動の記録や提言は、ブックレット『移住女性が切り拓くエンパワメントの道——DVを受けたフィリピン女性が語る』を参照）。こうしたプロセスの中で、女性たちは、自分自身の回復というレベルを超え、すべての人々が尊重され幸せに生きることのできる、暴力や差別のない社会の実現を願い、活動に参加していくようになる。カラカサンの移住女性たちによる、このような連帯とエンパワメントの輪が、日本社会を少しずつ変革していく力となることを信じて、活動を続けていきたい。

《参考文献》
・移住連「女性への暴力」プロジェクト編『ドメスティック・バイオレンスと人身売買——移住女性の権利を求めて』（現代人文社、2004年）
・戒能民江編著『DV防止とこれからの被害当事者支援』（ミネルヴァ書房、2006年）
・カラカサン＝IMADR-JC編『移住女性が切り拓くエンパワメントの道——DVを受けたフィリピン女性が語る』（解放出版社、2006年）
・DV法を改正しよう全国ネットワーク編『女性たちが変えたDV法——国会が「当事者」に門を開いた365日』（新水社、2006年）
・吉田恭子『報告書マイノリティ女性に対するドメスティック・バイオレンスに関する研究——フィリピン人女性移住者の経験（シェルター・DV問題調査研究会議調査2）』（横浜女性協会、2001年）

Integration for whom? : Marriage Migrant Women Policies in Korea and Patriarchal Imagination

誰のための統合なのか
韓国における結婚移民女性政策と家父長的発想

金賢美●Kim, Hyun Mee

1. 序論

「被告人が指弾されるべき唯一の人ではない。これは私たち社会の全体的な未成熟性の単なる一証拠にしかすぎない。私たちの国（韓国）よりも貧しい国から来たかもしれない外国人女性の『輸入品』のような冷酷な『取扱い』、お互いに話して意思疎通できないのに、男性と女性が一緒に住むことを決定すれば結婚は完成したと考える無謀さ。これら私たちの愚行が必然的に悲劇的な結果をもたらす。ここに私たちは、21世紀の一見文明化した国家と裕福な国の下に隠れる野蛮さを、悲痛感をもって告白しなければならない」。

前述の一節は、ある韓国人男性がベトナム人妻ファン・マイを殺害した事件の判決の一部である。2007年、ファン・マイは夫によって死ぬまで殴られた。彼女は肋骨を18本骨折していた。41歳の夫は、「彼の歳になって一人で暮らすのが恥ずかしい」、「他の人々が彼のことを愚かだと考える」と思ったので、彼の全財産である1000万ウォンを結婚仲介業者に支払い、まだ19歳だったファン・マイと結婚した。夫はアルコールの関わる暴力で何度も起訴された元受刑者であったが、妻はそのことを知らなかった。夫はファン・マイが2007年5月に韓国に来た後も、結婚に誠実ではなかった。夫が結婚を続ける意志がもはやないと判断したファン・マイは、ベトナムに帰国することを決心したが、荷物を詰めているところに酔って帰宅した夫に殺された。この事件は韓国で外国人妻が経験した多くの自殺、ハラスメントや殺人のひとつにすぎない。

本稿では、裁判官がからくも認めた、「一見文明化された国家の下に隠れる野蛮さ」に焦点を当てたい。私たちの野蛮さを真剣に考慮しない多文化主義の論説が、最近韓国では増えている。韓国政府の政策の基本は多文化主義であり、多文化主義を受け入れ、平等に基づく社会統合という政治的ビジョンを宣言する政治的な立場でもある。具体的には、多文化主義に基づく政府の政策はそれぞれの国の歴史的な経験や価値を反映する。通常、これは異な

る文化をもつ集団、およびもともとそこに住む人と移民との間の差別を撤廃することを目的とする。文化的少数者または移民を主流に取り込もうとすることを目的とする政策が積極的に実行されている。文化的相違とそれがもたらす創造性は、国家の競争力にとって重要な資源であるという考え方のもとで社会統合が求められている。したがって、多文化政策の目的は、国家が移民に対して「統合」の公正な条件を提示することである。

　韓国の状況と韓国政府の「多文化主義」の用語の使い方は非常に独特で、多文化主義が通常促進する価値とかなり矛盾している。2007年現在、160万人の長期滞在外国人が韓国に住むが、韓国政府が一時的な住民と考えられていた移住労働者のための多文化政策を用意したことはなかった。定住移民としては初めての類型となる結婚移民の数が急速に増加して、はじめて多文化主義に関する論説に拍車がかかった。現在、11万人の結婚移民が韓国人の子どもを産み、韓国人家族の一部となったので「韓国人として受け入れられて」いる。

　政府は2006年、「多文化・多民族社会への移行」を宣言し、かなり唐突に多文化主義の論説を導入した。体系的な韓国語教育が結婚移民女性に提供され、女性と子どもに対して福祉サービスが導入された。にもかかわらず、とくに2006年以降、結婚移民は「韓国社会の低出産率・高齢化の危機に対する解決策」として明白に言及されている。

定住型結婚移民は生産労働ではなく、再生産労働に携わることを期待されているため、結婚移民に関する法律や政策は「家族」や「家庭」に関するものに限定されている。この状況のもとで、結婚移民に関連するさまざまな法律が制定されている。たとえば、「結婚仲介業の管理に関する法律」(以下、結婚仲介業者管理法)が2008年6月に施行され、多文化家族支援法および社会統合プログラム履修制が2008年9月に施行された。これらの法律は移民過程および韓国に来る結婚移民の定住を制度的に管轄する初めての包括的な措置ではあるが、結婚移民政策は広範で福祉に焦点を当てるべきであるのに、これらの法律は結婚移民の「人権」や「市民権」を侵害する可能性があるため、依然として問題がある。「韓国式」多文化主義の波は、未来の多文化・移民国家をつくるために必要な韓国社会の正しい診断を隠蔽するおそれがある。つまり、多文化主義政策は家父長主義に基づくジェンダー化された考え方に沿って実施され、民族中心的な統治モデルから脱皮することができずにいる。国および地方自治体やNGOは結婚移民の定住を支援するプログラムをもっているが、政策や法律に込められたイメージはいまだに性差別主義と人権侵害の要素を含んでいる。

　本稿は結婚移民とその家族のためにつくられた韓国の政策の意味と、政策に含まれるジェンダー・イデオロギーを批判的に分析することを目的とする。まず、韓国における最近の国際結婚の背

景と歴史について述べたい。

2.韓国における国際結婚──背景

　韓国に国際結婚を通して韓国人男性の配偶者としてF2ビザで入国した外国人女性の数は、2008年3月現在101,369人である。それに対して、外国人男性の数は13,744人である。女性のほとんどが中国（56.1%）出身であり、ベトナム（22.3%）、日本（5.1%）、フィリピン（5.0%）が続く。これらの外国人女性は、友人や親戚による紹介、お見合い、宗教団体や商業的仲介業者などさまざまな仲介人を通して韓国に来る。韓国国籍を付与された約4万人の外国人女性に加えて、結婚移民女性の数は合計で15万人を超える。

　1990年代以降、韓国は1980年代の日本や台湾のように、韓国の結婚市場において非常に不利な立場にあった農村地域の農業従事者のために外国人花嫁を積極的に募集し始めた。実際、地方自治体が農業従事者の結婚の困難を緩和する戦略として国際結婚を始めたのである。韓国と中国の国交正常化後の1992年以降、中国への結婚ツアーが急増した。地方自治体および農業団体や公的資金による農漁村福祉研究協会は、中国への結婚ツアーに農村の独身男性を募った（Lee, Hye-Kyung, 2005; Freeman, 2005）。中国朝鮮族の女性は韓国人と民族的に似ており、言語および文化的違いが少ないと考えられたため、以前から韓国人男性の好ましい結婚相手とされていた。中国朝鮮族の人に発行される観光および親類訪問のためのビザ発給数の削減に向けて、より厳格な規制を課すという韓国政府の政策転換は、朝鮮族の人が結婚を韓国への経済移民となる最も現実的な選択肢と考えることに大きく寄与した。このことで韓国人との「ペーパー結婚」が、商品化された親戚関係の「最も人気のある形態」にさえなった。韓国籍、および合法的に働き、韓国との国境を自由に行き来する特権を約束するからである（Freeman, 20005:87）。実際、そのような結婚の形態は中国の朝鮮族女性に直ちに居住の権利ならびに彼女たちの両親を合法的に韓国に招待する権利を保障する。韓国人と結婚した女性は、1998年まで韓国籍取得の権利があった。韓国に来た直後に夫のもとを去る中国朝鮮族の女性の数が増加し、韓国メディアは「朝鮮族花嫁」を「結婚した韓国人男性を積極的に搾取する冷酷な機会主義者」と描いた（Freeman, 2005:81）。「逃亡」花嫁が世間の注目を集め社会問題となった後、韓国籍を認められるまでに少なくとも2年間の安定した結婚生活を証明することを女性たちに求めるよう、法律が改正された（Yoon, 2004）。

　宗教団体も、韓国人男性の配偶者として他のアジア諸国から女性を動員するのに重要な役割を担った。日本人女性と韓国人男性との結婚で興味深いのは、その多くが統一教会（世界平和統一家庭連合）に仲介されているという

ことである。1980年代後半以降、統一教会は世界平和の使命として「真の家族」を達成するために韓国人男性の結婚相手として日本人女性を募集していた(Yoon, 2004)。1988年10月、6,500組が合同結婚式をとり行い、1992年8月にはその数は30,000組にまで上った。通常、日本人女性は、地方に住む韓国人夫よりもよい教育を受けていたが、結婚生活の苦労や困難を乗り越え、いずれ「真の」家族をつくることにより信仰心を証明することを期待されていた。1990年代半ばから韓国人男性と進んで結婚しようという日本人女性の数が減少し、教会はフィリピンに外国人妻を求めるようになり、韓国人男性のために商業的結婚仲介業を運営するようになった。

「結婚ブーム」は1999年、結婚仲介業の繁栄とともに始まった。韓国法は国際結婚の仲介を正当なビジネスとみなす。1998年7月に施行された新しい規則は結婚仲介業を、業務を行うために行政からの許可をまったく必要としない「自由」なビジネスであると規定している。これによって結婚仲介業者の数は、1998年の700から2005年には約2,000にまで増加した(Goh and et. al, 2006)。同時に、韓国の地方自治体は、他のアジア諸国から女性の継続的な供給を確保するために結婚仲介業に依存することが便利だと考えた。したがって結婚ビジネスは、韓国人業者だけでなくアジア各国の現地の協力者、募集者、観光業やホテル業などが関わる「国際的」なビジネスになり、利益の多い産業となった。市場指向型の国際的な活動の拡大により外国人女性の国籍はより多様になった。結婚仲介業者は韓国男性と中国、フィリピン、ベトナム、ロシア、タジキスタン、キルギス、ウズベキスタン、カンボジア、中央アジアの朝鮮族、タイ、モンゴルおよび南米諸国の女性との仲介を専門に扱っていることを宣伝し始めた(Lee, Hye-kyung, 2005)。しかし、最も顕著な増加はベトナムからの花嫁の人数に見られた。2001年、韓国人男性とベトナム人女性の結婚の件数は134であったが、2002年には476、2003年には1,403、2004年には2,462に増え、2005年には3,300を、2006年には10,000を超えた。結婚は非常に私的なことであるとしても、韓国人男性と、たとえばベトナムからの女性との間で取り決められた国際結婚が常に「愛」に基づいていると推定するのには無理がある。韓国人男性とベトナムおよびフィリピン出身の女性との間の結婚仲介業は、おとなしい妻に対する需要を創出する有益なニッチ(隙間)産業になっている。仲介業者はアジア女性の「文化的につくられた」イメージを利用し続け、ベトナムやフィリピンの女性を「逃げ出すには未熟すぎ、素朴すぎ、おとなしすぎる」と宣伝した。さらに、ベトナムで募集される女性はしばしば非常に若く、20歳代前半で、1960年代後半から1970年代初期、韓国人男性が兵士として派遣されたベトナム戦争時代からの歴史的な性的イメージを呼び起こすような、韓国人男性のための処女性を体現するか

のように描かれている。したがって商品化された国際結婚は、関係する政府の移住制度の家父長的性質や、韓国および相手国双方のブローカーや業者だけではなく、観光産業や結婚産業も含む移民産業、ならびに性的およびジェンダー的イメージや願望などさまざまな力の交差点で起こる。

ベトナムおよび他の諸国の場合、韓国の仲介業者は台湾が1990年代に東南アジアでつくったのと同じような結婚紹介システムを利用した (Hsia, 2004; Wang, Chang, 2002)。基本的な過程は以下のとおりである。韓国のそれぞれの業者はまず4～5日間の「結婚紹介ツアー」をインターネット、道路の看板や新聞で宣伝し、韓国人男性の注意を集める。韓国人男性のためのツアーの典型的な日程は以下のとおりである。

目的国到着
↓
お見合い
↓
花嫁の選択
↓
結婚式と同居
↓
新婚旅行
↓
韓国に帰国

調査したある結婚仲介業者は、ベトナム4日間の以下のような日程の旅行を実施していた。韓国人男性は早朝、インチョン国際空港に集合し、ベトナムのハノイに午後1時頃到着後、夜8時または10時頃までベトナム人女性との会合が続く。女性の数は20～30人から最大200～300人である。何ラウンドにも及び女性を「観察」した後、男性が結婚したいと思う女性を決めると、その男性と女性と業者が女性の家族を訪問し、結婚の許可を求める。翌朝9時頃、花嫁候補は健康診断、またはいわゆる「処女検査」を受け、午後1時にホテルまたはレストランで結婚式が行われる。花嫁の家族の10～15人が招待される結婚式後、2人はハロン湾に新婚旅行に行き、夕方ハノイに戻る。翌日、2人は街を少し観光し、韓国人男性はその日のうちに韓国に帰国する。業者が必要な書類すべてを作成するのを待つ間、通常女性は「ビッグ・マダム」と呼ばれる現地の業者の家、または寮に住み、韓国語や洗濯機など家電の使い方を学ぶ。厳しい監視のもとに置かれるため、女性はほとんど家から外出したり、地方の家族を訪ねたりすることはできない。

通常、韓国人男性は業者に対して8,000から11,000米ドルを支払い、業者によると、これには航空運賃、ホテル、結婚式と宴会の費用、通訳や翻訳料ならびに書類作成の料金、いくらかの結納金と仲介料が含まれる。韓国人男性のなかには、女性の家族に現金を贈る人もいる。

発展途上国の女性は、昔から国際結婚を社会的な上昇手段の形態としてみなし、実践してきた。「グローバル・ハイパガミー（上昇婚）」と呼ばれるものである (Constable, 2005)。しかし、彼女たちは結局、夫がそれぞれの国にお

いて位置している社会の最低層に流れ、「必ずしも『経済的資源の連鎖を昇る』ことにはならない」(Oxfeld, 2005)。実際、韓国の夫の実家の52.9％は最低生活水準以下に暮らす(Seol et. al, Ministry of Health and Welfare Report, 2005)。賃金を得られる職を得ようとする外国人女性の強い意志、彼女たちの経済参加にもかかわらず、「国際結婚」をめぐる広範な論説はこれら花嫁を「貧しい国から来た」無力で経済的に自立していない女性と捉える。彼女たちが「貧しい国から来た」というだけで「食物と住居をもらえれば満足する」という誤解を招く考え方は依然として支配的である。ほとんどの外国人女性は、そのような結婚から派生する経済的利益に動機づけられるよりも夫や夫の家族に、自立した、自国にいる家族も助けることのできる女性であると認められるために働きたいと考えている。国際結婚夫婦の生活は当然、経済状況や関係の質、生活様式によってそれぞれ大きく異なる。次に韓国の結婚移民に関する最近の政策を検討する。

3. 結婚移民に関する韓国政府の政策——「平均的」移民女性をつくる

(1) 結婚仲介業者管理法

国際結婚は、地方自治体が結婚の難しい地方の男性を助けるという目的で始まったかもしれない。しかし、後の結婚業者間の競争によって国際結婚の条件は最悪になった。結婚仲介業者管理法は2008年6月に施行された。2005年2月、キム・チュンジン議員は「国際結婚の増加の結果起こる偽装結婚、詐欺的結婚や誤情報による虐待や搾取の増加」に対応する取組みとして法案を提出し、その法律が通過した。法律の骨子は、仲介業者が現地の法律に従うこと、結婚に関する偽、または誇張した情報を宣伝してはならないこと、そして仲介業者が補償の責任を負うことなどである。その法律の結果、一時よく見られた「ベトナム人女性は逃げない」というような宣伝が韓国の道でもう見られることはなくなった。しかし法律は、移民女性を誤った情報から保護し、結婚の崩壊を防止するのではなく、韓国人男性の「消費者の権利」を強調するので問題である。消費者基本法55条によると、「消費者は、提供者の製品またはサービスを使用している際に損害を受けた場合、法に基づいて直ちに救済を受けることができる」。ここで「消費者」とは結婚しようとする韓国人男性であり、提供者とは「仲介業者」、「製品またはサービス」とは移民女性である。では、離婚または配偶者が家を出たことによって消費者に損害が生じた例として提示されている事件を見てみよう。

原告は国際結婚仲介業者に対して2005年12月2日に900万ウォンを支払った後、ベトナム人と2006年5月に結婚した。配偶者は2006年12月18日、韓国に到着したが、2007年2月5日に家を出た。原告は業者に払戻しを求めたが、拒否された。

法律のどこにも誤った情報によって生じた移民女性への損害や彼女たちへの補償について書かれていない。結婚移民女性は「購入」され、「使用」され、「返還」され、「払戻し」される製品として説明されている。この法律は女性の権利を侵害するおそれがある。結局、この法律は仲介業者を消費者法の範囲内に置き、それによって移民女性の「商品化」につながっている。

　私が国際結婚仲介業者に対して人権教育を行ったときに感じたのは、大きな「失望」であった。国際結婚仲介業者管理法は、すべての業者に保証保険をかけることを求めている。このため教室のあらゆるところに保証保険会社の申込用紙があり、業者は健康福祉省によって「合法的」なビジネスとして認められ、国家から教育を受けられることに対して喜んでいた。業者は「外国人女性を買う」ことで利益を得ているとして、汚名を着せられていたのが、登録され、非常に正当なビジネスとなり、利益の大きいビジネスとして多くの人が就職したいと思うようになった。これではファン・マイの死によって引き起こされた「21世紀の一見文明化された裕福な国家の下に隠れた野蛮さ」に対する反省はどこにあるのだろうか。多文化主義の主要な価値である移民女性の統合は合法なのだろうか。

(2)　多文化家族支援法

　多文化家族支援法は2008年9月に施行され、移民女性とその子どもに広範な社会サービスを提供することを目的としている。移民女性に対する社会支援は「ライフサイクル・サービス」として捉えられている。この法律は政府によって職業訓練を含む長期的福祉サービスを提供しようとするので、移民女性に対する進歩的な政策措置として考えられている。このモデルで女性は、①移住の初期・家族形成段階、②妊娠・出産段階、③育児段階、④労働市場再入、のライフサイクルを経験するものとされる。女性はそれぞれのライフサイクルに応じてサービスを提供される。しかし実際には、移民女性の多くは再婚であり、また夫にすでに子どもがいたために子どもをもたなかった女性も多い。経済状況によって労働市場に早く参入する女性もいる。1段階ごとではなく、複数の段階を同時に経験する女性も多い。韓国の中産階級女性のライフサイクルに基づくこの法律は移民女性に対する制度的な支援として宣伝されているが、すべての結婚移民女性が「社会が期待する」ような人生を送ることを想定している。移民女性は、そのキャリアの目標、学歴、労働経験にかかわらず、韓国に到着してまもなく韓国人家族に完全に統合されるか、素朴な存在として一様に扱われる。そのような移民女性に関する考え方は、規範に沿わなかった女性に対する差別を正当化さえする。「まだ完全に適応していない」という理由で子どものいない移民女性に対して国籍付与を遅らせるというのは、ひとつのよく見られる例である。移民女性の多くは、家族が一定の経済的安定に達した後で子どもを産むと決めるにも

かかわらず、彼女たちは「偽装結婚」と非難される。

⑶　社会統合プログラム履修政策

　現在議論されている社会統合プログラム履修政策も、具体化しつつある。この政策は、韓国に定住しようとする移民で、一定の韓国に関する教育コースまたは法務省が認可した「多文化主義理解」を修了した人の国籍取得試験を免除する。法務省は、このプログラムが「増加する結婚移民や帰化した人の適応障害」や「移民とその子どもが、教育や労働機会から切り離され、社会的、経済的に困難に陥った場合生じうる社会的コスト」を予防する趣旨でつくられたという。プログラムの主要対象は結婚移民女性である。プログラムは、韓国語能力を5段階に分け、異なる試験を受けることによって飛び級もできる。法務省はまた、2段階の多文化主義理解コースが韓国で生活するために必要な知識を提供するだけでなく、必要な「感受性」も培うと主張する。同省は、移民女性と韓国人との間の双方向コミュニケーションを含む多文化的社会統合プログラムを形成するという。そのようにして移民女性は韓国語コースに学び、夫は柔軟に外国語や多文化講座を受けることができる。このプログラムを修了すると、移民女性はよい韓国人となる可能性があるとして「十分根づいた」ことが証明されるため、国籍が付与される。

　社会統合プログラムが結婚移民女性に対して肯定的な効果があるという考え方がある。つまり、女性に対して韓国語を学ぶことを義務化することで、家族の反対のために教育を受けられない女性を助けることになるというのである。とくに、仕事のためまたは夫の反対のために教育へのアクセスのない地方の移民女性にとって、プログラムは教育の権利について主張する機会を与えることができる。プログラムが移民女性の「自尊心」を促し、インタビューに応じることを促進し、移民女性の韓国における健全な定住につながると主張する人もいる(Lee Sung-soon, 2008: 352-353)。

　しかし、社会統合の根底にある文化的論説は、女性に入国後2年間韓国語を学ばせることによって、言語的統一性に基づく国籍の考え方を強化するため問題である。受入国は、言語能力と国籍取得を結びつける考え方をやめなければならない。社会統合プログラムは韓国語を国籍取得のために無前提に追求すべきものに変えてしまった。実際には韓国語はコミュニケーションの手段にしかすぎず、学ぶよう強制されるものではない。移民によるさまざまな方言の韓国語が公の場やメディアで話され、社会が多文化の変化を経験することができると、受入国へのよい移行が自然に達成できる。言語はコミュニケーションと芸術的自己表現の両方の道具であるので、移民女性にとって自分の言語で話すことは自尊心とアイデンティティの象徴でもある。移民が、自分たちの文化的アイデンティティに基づいて異なる文化を吸収していると

考えるときに最も肯定的な自己のアイデンティティをつくるということが、多くの調査で示されている。しかし、韓国の強力な言語ナショナリズムは、移民の自己の言語を話すことを通した文化的アイデンティティの維持を早急な適応のために放棄すべきものとみなしている。このことは移民女性の自尊心にとって基礎をなす文化的アイデンティティを損なう。

多文化社会への統合で最も重要なのは、言語を含む文化が権利の一形態でもあるということである。移民がいわゆる「国籍」を得た後でも、差別や社会的承認の欠如のために政治的権利、労働の権利や社会的権利を行使することができない。市民権の一部としての文化的権利は人の主流への統合を可能にし、文化的違いを主張する権利を与える物質的および感情的資源を提供する (Kim, Hyun Mee, 2008)。この理由から、移民は、望まずに強制された文化的統合による主流文化を拒否する権利がある (Castles and Davidson, 2000)。

事実、同一祖先・母語に結びついた国籍制度は最も排他的な国民国家の考え方に基づく。韓国政府が主張するような多民族、多文化国家になるためには、多数の異なる言語が公共部門で使われるような市民社会を想定することが求められよう。キム・ヨンオク (Kim Young-ok, 2008) は、統合が移住者に「帰属」感を与えるものなので、「帰属」の重要な要素が参加であるため、真の統合は参加の平等を保障することによってのみ達成できると強調する。彼女は演劇や映画など非言語メディアを使ったさまざまな教育プログラムによる移民女性のエンパワメントを積極的に展開すべきであると述べる。

また、このプログラムは大きな再生産および生産労働の負担を負う地方の移民女性を考慮していない。重い負担のために移民女性は社会統合プログラムをやめてしまうかもしれず、そのために無責任や無能として社会的な非難につながることもある。結局、統合を拒否する移民女性は、国籍および在留資格の点で不利益を被り、安定した定住を求める移民女性を煩わせることになる。

4. 家父長的家族指向の福祉モデルとしての統合政策

韓国政府の移民女性のための政策の特徴は「家父長的家族指向の福祉モデル」と定義づけることができる。このモデルに含まれるジェンダー・イデオロギーは女性を再生産労働に代わる労働力として捉え、彼女たちのさまざまな役割や活動にもかかわらず、「家族」の形成、維持および再生産の枠組みの中に置く。このイデオロギーに適合するよう女性に社会サービスが提供されるのである。実際、家父長的家族は女性の役割を具体的に定義し、非常に友好的で互恵的な方法で取り込んでいる。移民女性が韓国社会の要求を黙示的に受け入れると、福祉サービスを提供し、女性を受動的で無力な福祉サービス

の受給者としてしまう。韓国の社会統合モデルは男性の利害を優先する家父長的制度に基づくので、女性に対する社会サービスは移民女性のいる家族に対する支援プログラムである。

この政策には性差別主義だけでなく階級差別も含まれる。実際、保健福祉省が行った2005年の結婚移民に関する調査では、これら女性の約52.9％が最低所得水準以下で暮らしている。女性省が2006年に行った調査では、多くの人が韓国での自分の経済的地位に関する問いに対して「下層階級」と答え、43.6％が韓国における女性の地位が自国の場合よりもさらに低いと述べた。韓国社会が現在、低出生率と育児労働の不足の負担をほとんど低い階級にいる、いわゆる多文化家族に移転し、社会の中に階層化した労働分業制度をつくっていることを反映している。これは、移民女性やその配偶者のための「教育」が政府主導で行われている状況と関連している。男性に結婚に対して責任をもつことの重要性を教え、「偽装結婚」で韓国に来て再生産ではなく生産労働に携わる女性を排することも同じ文脈で解釈することができる。

移民女性の再生産労働に対する評価は、このモデルのもとでは適切ではない。より重大なのは、結婚移民女性の再生産労働があまり「困難すぎることはない」適応の自然な過程とみなされることである。オリエンタリズムのレンズを通してみると、アジアの女性は、「内在的に」人の世話をしたいと考える、おとなしく、管理しやすい女性と考えられている。また、結婚移民女性は韓国で典型的なジェンダーの役割を演じているため、その定住は「当然」とみなされている。女性たちは教育や熟練を要しない再生産労働と育児・介護を行うので、自国でやっていた種類の仕事を行っているとみなされる。しかし韓国社会の結婚移民女性に対する典型的なジェンダーの役割を担うという期待は、さまざまな文化的経験を経ている女性たちの期待とは大きく異なっている。年齢や出身国による違いはあるが、中国、ベトナム、モンゴルおよびカンボジアからの女性の多くはジェンダー平等な労働という社会主義的考え方を内在化している。自国の母系的伝統に影響を受けたフィリピン人女性は、女性の経済的役割について強い信念をもっている。彼女たちの生活様式は「無償の犠牲」を要求し、女性の経済的貢献を無価値とする儒教的女性の理念と際立って異なる。韓国に入国、定住した後、結婚移民女性たちはこのように「近代的」で「裕福」な国に住む夫やその家族がもつ保守的で時代遅れなジェンダーの考え方や期待を知って驚くのである。結婚移民女性は核家族には馴染みがあり、夫と妻の間に親密さを期待する。しかし、韓国で「外国人妻」「外国人の嫁」と呼ばれ、自分たちに与えられた役割がいかに家父長的であるかを知って愕然とする。女性たちは期待されたジェンダーの役割に適応するために自分たちの文化的アイデンティティを捨て、多くの葛藤や矛盾を経験するのである。

しかし結婚移民女性に関する法的、社会的および一般の論説は、すべて女性たちを黙示的に再生産労働と「親孝行」を行うものとして見る。女性たちは自分たちの現実と将来をこれらの社会的期待に基づいて描かなければならない。アジアからの移民女性はその意思、教育や階級にかかわらず、再生産労働を担う「典型的なアジア移民女性」となる。しかし、統合は韓国に「よりよい生活」を求めて移民することを「選択した」女性の期待に応える労働の権利、ジェンダーの権利や文化的権利を考慮しなければならない (Kim Hyun Mee, Kim Min-jung, Kim Jung-sun, 2008)。

結婚移民は「移民女性が結婚を通して韓国社会に定住する」というのではなく、ネオ・リベラリズムのグローバル経済によって起こされた「ジェンダー化された労働の再組織過程」として理解されなければならない。移民女性に要求される再生産労働者としての女性らしさ、育児・介護能力や献身は特定の文脈において要求される特定の能力であり、決して内在するものであったり、自然なわけではない。

この問題は「いかにして韓国女性と移民女性が手を結ぶことができるか」という問いにつながる。移民女性は韓国社会の低出生率危機や育児・介護労働不足を解決することのできる「代替労働力」として考えられている。したがって、韓国人女性に容易に強いることのできない社会的役割を担うことを期待されているのである。韓国人女性は典型的なジェンダーの役割を拒否し、それに対して闘う運動に参加してきた。しかし、自分たちの「平等」や「近代化」の望みが結婚移民女性の生活にまで拡大されるべきだという信念に欠けていることがよくある。そのため、「自国の女性」と「移民女性」の間にできた階級を検討する必要がある。韓国人女性と移民女性が、「平等」な参加者として韓国社会の家父長的発想を一緒に取り除く方法を考え出さなければならない。

5. 結論

最近、国内のNGOや政府組織の多くが、外国人妻の現状および彼女たちの韓国における困難に関する研究を行い、報告を公表している。1990年代の外国人花嫁の第一陣は、韓国における文化的多様性または多文化主義に関する論説の拡大に著しく貢献した。国および地方自治体は協力して、言語および文化プログラムを提供し、この女性たちが成功裡に韓国に「定住する」ことを助けたが、国際花嫁の考え方に基本的な問題がある。これらの女性たちは配偶者としてだけではなく、潜在的労働者として、そして未来の韓国人として韓国に移住してきたのである。そのために、妻としての伝統的な地位、ならびに国民としての「権利」を取得しなければならない。しかし、これらの政策は外国人女性の、韓国人男性の配偶者としての韓国社会への義務的「適応」に集中している。この女性たちは、

移住、定住および異なる国における新しい生活を計画するなど重要な決定を下すことのできる積極的な行為者である。この文脈において、国際結婚における女性に関する韓国政府の政策がこれらの外国人女性を公的な家父長的指示を通して変容させるという「不可能な目標」をめざしているのかどうか考えることが重要である。国際結婚は地方およびグローバルな空間を横断する新しい生活の形式であり、外国人女性を韓国社会に強制的に従属させるものではない。国際結婚における女性は自国と韓国において生産的な関係を構築する可能性をもつ新しい市民であり、国際結婚した人々やその子どもの文化的、経済的資源を最大化する政府の政策が必要である。移民女性を「新しい市民」として認めるために最も必要なのは、女性たちが安定して定住できることを保障する権利など基本的な権利を享有できるよう、女性の「安全な移住」を保障する法律の強化と「国民」に焦点を当てている法律および制度にある「差別」を取り除くことである。韓国社会に固定された差別的な法律、言語や外国人のイメージは消えてしまわなければならない。結婚移民女性を家父長的な発想の中だけで考える古い習慣をやめることも重要である。

《引用文献》
韓国語
・Goh, Hyun Ung, Kim, Hyun Mee, So, Rami, Kim, Jeong-Sun, and Kim, Jaewon (2006). "International Marriage Match-Making System: A Fieldwork Report of the Cases of Philippine and Vietnam", Presidential Committee on Social Inclusion Report, 2006.
・Kim, Hyun Mee (2008), "Migrants and Multiculturalism," *Journal of Contemporary Society and Culture*, 26. Institute for Social Development Studies, Yonsei University.
・Kim, Hyun Mee, Kim, Min-Jeong, Kim, Jung Sun (2008), "Safe Marriage Migration? Migration Process and Experiences of Mongolian Migrants in South Korea," *Journal of Korean Women's Studies*, 24(1): 121-155.
・Kim, Young-Ok (2008), "Cultural Education for Women Marriage Migrant from a Perspective of the Social Integration," A paper presented at the <Towards a Multicultural Society: Prospects and Promises> organized by Korean Women's Development Institute, Seoul, October 2, 2008.
・Lee, Hye-Kyung (2005), "Marriage Migration to South Korea: Issues, Problems, and Responses," *Korean Journal of Population Studies*, 28-1: 73-106.
・Lee, Sung-Soon (2008), "Introducing Immigration Integration Courses in Korea," The Journal of Migration & Society, 1(1): 347-357.
・Seol, Dong-hoon and et. al (2005), "Foreign Wives' Life in Korea: Focusing on the Policy of Welfare and Health" Ministry of Health and Welfare Report.
・Yoon, Hyung Sook (2004), "Conflicts and Adaptations of Foreign Wives in Korea" In Choe, Hyeop, eds. "Minories in Korea, Current Status and Trends", Hanul Academy Publishers, pp. 321-349.
英語
・Castles, Stephan and Davidson, Alastair (2000), *Citizenship and Migration: Globalization and the Politics of Belonging*. New York: Routledge.
・Constable, Nicole (2005), "Introduction: Cross-Border Marriages, Gendered Mobility, and Global Hypergamy," In Nicole Constable, ed. *Cross-Border Marriages: Gender and Mobility in Transnational Asia*, Philadelphia, University of Pennsylvania Press, pp. 1-16.
・Freeman, Caren (2005), "Marrying Up and Marrying Down: The Paradoxes of Marital Mobility for Chosunjok Brides in South Korea,' In *Cross-Border Marriages: Gender and Mobility in Transnational Asia*, edited by Nocole Constable, 80-100. Philadelphia: University of Pennsylvania.

・Hsia, Hsiao-Chuan (2004), "Internationalization of Capital and the Trade in Asian Women: The Case of 'Foreign Brides' in Taiwan" in D. Aguilar & A. Lacsamana(eds), *Women and Globalization*. N.Y.: Humanity Books. pp. 181-229.
・Oxfeld, Ellen (2005), "Cross-Border Hypergamy? Marriage Exchanges in a Transnational Hakka Community," In Nicole Constable, ed. *Cross-Border Marriages: Gender and Mobility in Transnational Asia*, Philadelphia, University of Pennsylvania Press, pp. 17-33.
・Wang, Hong-zen and Chang, Shu-ming (2002), "The Commodification of International Marriage: Cross-border marriages business in Taiwan and Vietnam" *International Migration*, 40 (6): 93-116.

※ 原文は英語。

(訳:岡田仁子)

The Development of Immigrant Movement in Taiwan

台湾における移民運動の発展

夏曉鵑●Hsia, Hsiao-Chuan

1. 台湾における結婚移民

　1980年代半ばから、台湾は世界のシステムの「周辺」から「準周辺」へと移行した。その結果、地域の移民を多く受け入れることになった。行政院主計局が2002年に発表した統計では、台湾における新規婚姻のうち、4組に1組は国民と外国人の婚姻で、外国人配偶者の大半は、台湾人男性と結婚した「外国人花嫁」「大陸花嫁」である。内務部（省）の統計によれば、2008年10月31日の時点で、411,315人の外国人配偶者がおり（30.6％は東南アジア出身、63.3％は中国本土出身）、その92％は女性である。東南アジア出身女性の内訳を見ると、64.1％がベトナム、20.7％がインドネシア、6.7％がタイ、5.0％がフィリピン、3.5％がカンボジア出身となっている。結婚移民のほか、労働目的の移住もある。

⑴　結婚移民の原因──グローバル化と不均等な発展

　外国出身の台湾住民は主に「外国人花嫁」「大陸花嫁」「外国人労働者」の3つのカテゴリーに分類できる。彼らは同様の状況に直面する（たとえば差別や規制）が、違いもある。この論文では結婚移民、とくに東南アジア出身の人たちに焦点を当て、台湾の移民運動の発展を紹介する。

　1980年代半ばから、GATT・WTO体制によって農業経済が脅威にさらされ、労働集約型産業から多くの労働者が離脱するという状況のなか、台湾の農民や労働者階級の男性が花嫁を求めて東南アジアに行くようになった。この種の結婚には多額の資金、それも多くの場合、台湾の農民や労働者階級の家族の蓄えの半分くらいが必要である。男性はうまく結婚できれば、仲介業者に100,000～15,000米ドルを払わなければならず、そのうち花嫁の家族に結納金として渡されるのはわずか10％程度である。

　結婚移民のほとんどは、故国の貧困や混乱から逃れるために台湾の男性との結婚を決意する。しかも貧困と混乱はグローバル化によって強化されている。グローバル化により、民営化、規制緩和、自由化が進められ、多くの労働

者にとっては失業、貧困、疾病がもたらされ、生存が脅かされる状況となっている。世界銀行と国際通貨基金（IMF）は、途上国への融資や、構造調整プログラムにより開発を促進すると言いつつ、何十万人もの人々を貧困に追いやっている（Hsia, 2004）。開発のゆがみの結果、フィリピン、インドネシア、カンボジアなどの途上国の農民や労働者は、経済的に追い詰められ、海外で仕事を探さなければならなくなる。これらの国々の女性たちは国外で仕事を探すか、国際結婚によって苦境を逃れる道を探る。

⑵　厳しい経済状態

　先に述べたとおり、台湾で彼女らが結婚する男性たちは農民や労働者階級である。このような状況のなかで、東南アジア出身女性の経済状況は厳しくなっている。最近の調査では、東南アジア出身の結婚移民のうち31.3％は家族の出費が収入を上回っていると述べ、48.9％はぎりぎりの生活をしているとし、収入が出費を上回っていると答えたのは2.7％にすぎない。東南アジア出身の女性たちの家族のうち78.5％は夫の収入に依存しているが、女性たちの7％は主な稼ぎ手となっている。台湾人の夫たちの40％は労働者階級であり、調査対象となった東南アジア出身の配偶者のうち65％は2万台湾ドル（約588米ドル）以下の収入しかない（Hsu, 2004）。

　台湾人の夫の多くが労働者階級であることから、その外国人配偶者たちは家計を補うために働かなければならない。しかし、職探しには多くの困難が伴う。まず言葉の壁は、東南アジア出身の女性たちには大きく、しかも彼女らは孤立しているために、必要な情報や資源に適切にアクセスすることができない。自分の権利を知らず、社会的な支援が得られない女性を、雇用主が不当に扱うこともある。

⑶　社会的なネットワークと支援の欠如

　結婚移民は1人で台湾に来るため、結婚後の支えとなる社会的ネットワークをもたない。東南アジアからの結婚移民は中国語、とくに北京語の読み書きができない。この言葉の壁のために、台湾での社会的なネットワークをつくることがいっそう困難となる。台湾はDVに対する法律を制定し、さまざまなサービスも提供しているが、移民女性にとっては実質的な援助となっていない。それは、①言語の壁があり、そのために情報にアクセスできないこと、②ソーシャルワーカーなどのサービスを提供する職員は多文化の問題を扱う訓練を受けていない、といった問題があるからである。

⑷　差別と国民の不安感

　「外国人花嫁」は、行政機関、マスコミ、一般市民から「社会問題」とみなされ、「偽装結婚」「本物の売春」「次世代の質の低下」といったレッテルを貼られる。筆者は、このようなイメージが、マスコミや政府機関によって裏づ

けもないのにつくり上げられていく状況を分析した（Hsia, 1997, 2007）。政府機関とマスコミはベッカー（Becker, 1963）が言うところの「道徳の起業家（moral entrepreneurs）」となり、彼らによる国際結婚とそれに関わる人たちの描き方が論調の主流となっており、そのなかで結婚移民、その夫、その家族は「劣った人たち」とされる、ということなのだ。

最近では「新しい台湾の子どもたち」に関する論調がある。結婚移民の子どもたちの数が増えていることから、そのような子どもたちに発達の遅れがありがちだとするマスコミ報道が広がった。政府のプロジェクトの多くがこのような「問題」を解決することを目的としている。このような議論には信頼できるデータもなく、結婚移民は途上国から来ているのだから、子どもを教育するだけのスキルが欠けているはずだという推測に基づいている。性、人種、階級による差別を内包した議論である。結婚移民が台湾の人々の質を低下させるという恐怖は、政府官僚、マスコミだけでなく、大勢の人々が抱いている。さらに資本主義のグローバル化により、国内の不平等、とくに階級の分断が強化されているため、人々の間で不安感が続く状態、不安が外に向かうというのは政治体制にとって好都合なのである。内部の不平等から、結婚移民（ならびに移住労働者）の「問題」と「脅威」に注意をそらすことで、政治体制は安泰でいられる（Hsia, 2009）。

⑸ 市民権獲得の障害

さらに移民の女性たちは、台湾の排他的な移民政策を反映した法律や規制による制約を受ける。たとえば台湾の統合政策は血統主義という原則に基づいている。これは事実であれ仮想であれ、祖先が同じだという人々は受け入れるが、共通性のない人々に対しては排他的に機能する原則だ。近年国籍法が改定されたが、それでも台湾人の配偶者や子どもでなければ「台湾の国民」となることは非常に困難である。1990年代後半に国籍法が改定されたが、それ以前は台湾の男性と結婚した女性以外、外国人が台湾に帰化することはできなかった。外国人女性は台湾の「血」をつなぐことができるので「帰化できる」とみなされたのである。これは女性を独立した主体とみなすのではなく、子どもを生む存在としてのみ見る見方であり、明らかに家父長制的な考え方である。このように家父長主義的、排外主義的な同化政策に基づき、政府は不可侵の権利として外国人女性に市民権を付与するのではなく、台湾人男性の妻であることを市民権の条件としている。たとえば台湾の市民権を取得していない移民女性は、社会的なサービスや福祉給付の受給資格がない場合が多い。市民権を持たない女性は夫からの暴力を受けても、離婚されると強制退去処分となる。子どもの親権が台湾人の父親に与えられることが多いことから、退去処分となれば女性たちは子どもを訪問することもできない。そこで子どものためにDVに耐え忍ぶということも多い。つ

まり、移民女性に対する夫の権力が国家によって認められているということになる(Hsia, 2007)。

このような法律と規制は、「外国人花嫁」に対する偏見と差別の結果であると同時に、原因ともなっている。「外国人花嫁」という言葉そのものが第三世界の女性に対する差別を反映している。この言葉は途上国出身の外国人配偶者に対してのみ使われ、日本、米国、ヨーロッパなど先進国出身の人々には使われない。

また、東南アジアや中国本土出身[1]の移民女性たちは、婚姻期間がどれだけ長くても「外国人花嫁」と呼ばれる。

東南アジアと中国本土から結婚移民の数が増えるにつれ、「次世代の質の劣化」の不安により政府が結婚移民の市民権取得にいっそうの障害を設けることになった。結婚移民とその家族にとって最も困難なのが資産証明の要件である。これらの家族は2008年11月より、少なくとも法定最低賃金に基づく平均年収の2倍にあたる資産額を示す銀行の残高証明または所得税の正式な領収書を含む、厳格な指針に基づく安定した資産の証拠を提出しなければならない。結婚移民とその台湾人の夫の多くはインフォーマル・セクター(行商、時間給での仕事や小規模農業労働者など)で働いており、所得税納税の正式な領収書は持っておらず、銀行の残高証明を得るために借金をせざるをえない。多くの家族が業者から借金を強いられ、高利貸しによって搾取される。

2.移民運動の成立

さまざまな制約があっても、結婚移民たちは受け身の被害者ではない。彼女らは「移民と移住者のための人権法制定連合」(以下、AHRLIM)が組織する抗議行動にますます積極的に参加するようになっている。何年にもわたる闘いの結果、移民法が2007年11月30日に改正され、2008年11月には帰化のための資産要件が大幅に緩められるなど、大きな変化があった。移民運動の形成に参加した経験から、以下、台湾における移民の運動の発展を見ていく。

(1) **移民運動の始まり**

台湾では、移民と移住者の問題について、いくつかのNGOがこの数年間個々に活動してきた。しかし、政府が移民庁を設立すると提案したことから、状況が変化した。一部のNGOは、この提案が外国人嫌悪の思想によるものだと考えた。移民庁の主な機能は、移民庁が違法で危険だとみなす移民と移住者を取り締まり、捜査し、退去させることだからである。

さらに、強制退去の法的根拠とされる「国家の治安を乱す」「公共の利益に反する」といった規定は、あまりにも曖昧で、恣意的に使われやすい。計画さ

---

[1] 大陸中国出身の結婚移民は「大陸花嫁」と呼ばれることもある。

れていた移民庁では、移民と移住者が自分の権利を守るためのメカニズムがない。2003年11月に先導的なフェミニズムの組織である「婦女新知基金会(Awakening Foundation)」が関心を寄せる団体や研究者を集め、協力関係の可能性について議論する懇談会を開催した。2回の準備会合を経て、人権、移民政策、外国人労働者、民主主義などに取り組む組織、これらの課題に長期的な関心をもっている弁護士、研究者なども参加して、2003年12月、AHRLIMを設立した。AHRLIMの最初の行動は2003年12月24日、立法院前で行った、移民庁設立という政府の提案に対する抗議だ。この抗議行動の前に、AHRLIMは行政院での審議を止めるため、署名活動を行い、広く賛同者を集めた。

これに加えて、AHRLIMは多様な政党の議員の支持を得るため、立法院でロビー活動を行った。政府は早急に移民庁機構法案を通過させるため、審議を始めようとしたが、AHRLIMが継続してロビー活動を行い、これを食い止めた。政府側の移民庁設立計画が一時的に中断したので、AHRLIMは政府の移民法改正案を検討し、総合的な移民政策に関する受入れ可能な基準を確立するため、独自案をまとめた。そのためにいくつかのフォーラムを開催し、NGO、関心をもつ市民、移民当事者が、現状の移民政策や関連する問題、移民法改正に対するAHRLIMの独自案の原則を議論した。このようなフォーラムのほかに、移民と移住者の人権問題に関する意識を高めていくため、AHRLIMはさまざまな機会をとらえて移民と移住者の状況、移民政策と規制の問題を訴えた。たとえば、行政院が中国本土出身の配偶者は500万台湾ドル（約15万米ドル）の財産があることを示すように定めると、2004年3月5日、AHRLIMは中国本土出身の配偶者のグループとともに行政院前でデモを行った。また7月12日には、教育部次官の差別発言に抗議して教育部前でデモを行った。教育次官は、ある全国集会に参加していた教育局長全員に対し、「外国人花嫁は質が劣るので、子どもを大勢生ませないようにしなければならない」と発言したのである。これは偏見と差別の現れにすぎない。このような抗議行動によるAHRLIMの圧力を受けて、政府は対応を余儀なくされた。たとえば、中国本土出身の配偶者への500万台湾ドルの資産要件の撤回、教育次官の公的謝罪などである。

移民法が移民政策の基礎である。1年以上の集中的で詳細な議論（週1回の会合とメーリングリスト）を経て、AHRLIMは独自の移民法改正案を2005年3月立法院へ提出した。さらに2年間の運動を経て、この改正案は2007年11月30日に成立した。この改正では、差別を取り締まり、DVの被害者である結婚移民は離婚後も台湾にとどまれること、移民の集会やデモの権利などが認められた。

(2) **移民の権利擁護の戦略**

移民の運動が始まってから、ひとつ

の課題は、結婚移民によるマイナスの影響に関する人々の懸念や不安に対処することであった。AHRLIMがとった戦略枠組みは、既存の価値観、レトリックを根本的に変え、「私たち」と「彼ら」の「間性(betweenness)」をつくり出し、結婚移民の主体性を示すことであった。

(3) 既存の価値観、レトリックを根本的に変える

人々との対話をつくり上げるため、AHRLIMは人権、多文化主義、民主主義などに関する既存の価値観／レトリックを、時間をかけて根本的に変えていった。2000年の総統選挙で、長期にわたって与党だった国民党を破り、野党・民進党が勝って陳水扁氏が総統に選ばれると、「人権立国」が政治家の間でよく使われるレトリックになった。このレトリックを根本的に変えるため、AHRLIMは最初の声明でこれを使った。

「台湾政府は人権立国を掲げ、自国の人権状況を宣伝しているが、実際の政治の中では移民と移住者の権利を常に無視してきた。移民と移住者は働き、社会に積極的な貢献をしているにもかかわらず、マスコミは台湾社会の中に恐怖を煽り、政府は他の人々には与えられている権利や恩恵を移民と移住者には享受させようとしない」。

台湾はほとんどの国際機関から承認されていないので、独立国家として認められるようさまざまな分野で国際的な基準を満たし、国際社会の支援を得る ことが、主な関心事である。AHRLIMは、もっと包摂的な移民政策を求め、世界人権宣言や国際条約を意識的に活用した。最初の署名キャンペーンで述べているように、AHRLIMの立場は、「人種、肌の色、性別、言語、宗教、政治信条、国籍、社会的地位、財産、出生地、その他のいかなる社会的な違いにかかわりなく、すべての人は基本的人権を享受する。私たちは多元的な社会の発展と、差別根絶のための社会的な対話の推進を支持する」というものである。

2000年に民進党政権になる前、反対運動を進めるにあたり、人権問題に加えて、民族問題も重要な主張であった。そのなかで「国語政策」を批判することが、国民党政府の正当性を弱めるための重要な戦略的枠組み形成であった。民進党政権となってからも民族問題は焦点であった。その結果、民族の言葉を復興させることが一般的なレトリックとなり、翻って「多文化主義」の概念を広げることになった。民進党政府は客家問題審議会を設置し、「原住民」と客家のためのテレビ局を開設するなど、その統治が民主的で進歩的であると思われるよう、注意深く多文化主義の概念を採用していった。とくに国際的なイベントで「原住民」のシンボルを使うなど(外国人観光客の誘致のための宣伝と、外交団への記念品など)民進党政府はさらにこの多文化イメージを使って国際関係を進めようとした。しかし、このような一見先進的な価値観は、実際には非常に排他的で

あった。たとえば東南アジアからの移民女性の「母語」は無視され、価値を認められなかった。AHRLIMは、あらゆる機会を通じて新しい移民の言語と文化も台湾の多文化の一部であると訴え、「多文化主義」の意味を根本的に変えようとした。2004年母の日を祝って、AHRLIMと関連団体は「母の名前――新しい移民と移住者を認識する」という活動を行った。その目的は「台湾の多様な文化にもたらされた、新しい移民の豊かな文化を人々が認識し……台湾を、豊かな文化に満たされ、互いの文化、異なる声や顔を尊重する島にするために努力する」ことである。AHRLIMとその関連団体は、これらの移民女性たちの母語と文化も尊重されるべきであり、移民政策は同化政策を基盤としてはならない、血統に基づく同化の伝統を変えるべきだと主張した。

同様に「民主主義」も中国との対比で重要な国のアイデンティティと考えられており、とくに2000年の総統選で民進党が初勝利してからは、その傾向が強まった。さらに「市民権」「市民参加」などの概念も政治的なレトリックとして広まった。そこで政府案の移民局に対する抗議の中でAHRLIMは3つの要求を出していたが、その1つは「民主主義」に関わるものであった。

「台湾は民主主義の国であり、人々はさまざまな問題について自分の意見を表明する自由と力がある。しかし政府の移民と移住者に関わる政策と法律は公式の場で議論されたことがなく、移住労働者の権利、台湾社会の将来における移民政策の重要性が考慮されていない」。移民政策は「移民と移住者とその家族の権利に関わる問題であり、移民政策の中に込められているのは社会の考え方であり、台湾の人々の『市民』や自分たちのアイデンティティのイメージに影響する」とAHRLIMは考える。そこで「移民と移住者とその家族、人々が完全に理解し参加できる社会的な議論を要求する」。

つまり、移民運動を前進させるためのひとつの戦略は、人権、多文化、民主主義などの一見進歩的な政治的レトリックを根本から革新的なものに変え、新しい移民に対してさらに受容的になるように社会の議論を変革することであった。

⑷ 私たちと移民・移住者の「間性」を構築する

既存の価値観とレトリックを根本から変えることに加えて、社会の議論の中に共感をつくることも、もうひとつの重要な戦略である。AHRLIMの最初の署名で、「台湾人」のほとんどは移民の子孫であることを指摘することによって、「私たち（台湾人）」と「彼ら（外国人花嫁や外国人労働者）」がつながっているという感覚をつくり出そうとした。

「台湾への移民は、2年の間に突然現れたわけではない。われわれの祖先こそまさに、忍耐強く、小集団になって海を越え、台湾での新しい生活に挑んだのである。皮肉なことに、今の台湾社会は新しい移民と移住者を恐れ、排除している」。AHRLIMは歴史と記憶

を喚起しながら、移民と移住者の問題がよりよく理解されるよう、台湾社会に共感をつくり出そうとした。

共感の「間性」と「つながり」によってうまく共感の扉が開かれることもある。これを通じて、個人的な経験を生み出す構造を検証するための、さらに批判的な視点が発展しうる。たとえば、移民の問題を理解するためのワークショップを台湾人対象に行った私の経験では、参加者の視点を変える最も効果的なメカニズムは、「ショック」のエクササイズと呼んでいるものである。移民問題について短いビデオを鑑賞した後、私が突然英語でしゃべり始める。突然外国語の中にいなければならない、という状況を経験して、参加者はフラストレーション、不安、恐怖、怒りなどの感情をもつ。このエクササイズの後の討論（中国語）で、参加者は結婚移民への共感を強く表し、移民女性の支援のために何ができるか話し合うようになる。

「間性」は、共感をつくり出すことのほかに、行動につながる強い感情を引き起こす。パウロ・フレイレ（1970）が言っているように、人は自分の気持ちが強く動かされることについてのみ行動を起こす気持ちになるものだ。たとえば、女性として、嫁として、母親としての共通の状況を認識すると、台湾人ボランティアたちは積極的に移民女性の問題に関わる。このことが台湾の移民運動の形成を助けている。

⑸　結婚移民の主体性を示す

移民運動の正当性を確保するためには、移民自身が積極的に参加することが不可欠だ。多くの社会運動は、運動の中の草の根の主体性を無視し、周縁化された層の代理人として「スポークス・パーソン」になる。多くの場合、抗議行動に参加する大衆は「動員」されており、問題が何か十分わからず、悲しいことに「道具」になってしまう。AHRILMができるずっと前から、「南洋台湾姉妹会」（TASAT）は8年にわたって結婚移民をエンパワーし、組織しており、したがって結婚移民の主体性はゆっくりと成長し、台湾における移民運動の「正当性」ははっきりしている。AHRLIMが進めた最初の抗議行動において、「南洋台湾姉妹会」は立法院の前で寸劇を上演し、反対の声を上げた。「南洋台湾姉妹会」は最初の抗議行動の後ずっと活発になり、AHRLIMの活動に参加し、抗議行動や記者会見で発言し、さまざまな活動で経験や意見を語った。

2005年7月6日朝、「南洋台湾姉妹会」が組織した台北の結婚移民たちが、多くの女性、労働者、人権団体などとともに、台湾南部からやって来る結婚移民を待った。彼女らは夫、子ども、友人とともに夜行バスで台北に集まり、行政院の前で、市民権取得をさらに困難にする方針に対する抗議行動に参加しようとしていたのである。

結婚移民の積極的な参加により次第に人々の認識が変わっていった。たとえば、ある大手の新聞が、翌日この

抗議行動を大きく報道した。写真の下には「新移民、権利のために闘う——新たな帰化要件の試験の中止を求めて、外国人花嫁たちのグループが炎天下、麦わら帽子をかぶり行政院まで行進」とのキャプションがつけられた。夜行バスの疲れも見せず、ヒロインのように行進する移民女性たちの毅然とした表情がとらえられ、はっきりと表現された。それまでの弱くて恥ずかしそうな「外国人花嫁」というメディアの描き方とは対照的で、このシーンがその後マスコミで繰り返し使われた。

移民女性の主体性を示すには、長きにわたるエンパワメントの過程が必要である。「南洋台湾姉妹会」の場合、設立は2003年12月7日だが、その出発点は1995年の高雄、美濃で始まった「外国人花嫁中国語識字プログラム」である。試行錯誤を経て、中国語識字プログラムは「被抑圧者の教育学」と「被抑圧者の演劇」を組み合わせたものを基礎としてプログラムを開発していった。中国語学習を通じて、「南洋台湾姉妹会」は、結婚移民が台湾人とよりよくコミュニケーションをとり、そのネットワークをつくるなどして、彼らの市民的参加を強化していった。

「南洋台湾姉妹会」は、移民女性とボランティアをエンパワーするほか、結婚移民に対する社会の認識を変えるために努力した。セミナー、記事、映画などの手段を使って、「南洋台湾姉妹会」とそのメンバーたちは、移民女性と台湾人の間の間性の感覚をつくり出そうとした。

移民女性自身が声を上げることで、彼女らが従順である、トラブルメーカーである、無能であるといった一般のイメージが覆されていった。2005年9月、移民女性の作文、絵画、写真などを集めた最初の本が出版された。『外国人花嫁と呼ばないで』と題されたこの本はたいへん注目された（第1版は1カ月も経たないうちに売り切れた）。筆者はこの本の編者を務めたが、読者からの反応で最も多かったのは、結婚移民の豊かな才能に対する驚きであり、読者は多文化をよりよく理解し、自らの偏見に気づいていった。さらに最近では、人々のイメージを変えるため、「南洋台湾姉妹会」は移民女性自身が東南アジアの言語や多文化主義を教えるための、東南アジア言語文化コースを始めている。結婚移民が教えるコースによって、台湾人は結婚移民が台湾社会に優れたものを提供できるのだということを認識している。

結婚移民が自信をもって大衆の前、マスコミの前に登場し、彼らを問題と描く主流の論調を大きく変革するようになるには、エンパワメントの過程が必要であることは明記する必要がある。エンパワメントの過程がなければ(Hsia, 2006)、結婚移民は被害者のように映り、問題視するマスコミの論調を強化してしまう[2]。「南洋台湾姉妹会」は、結婚移民のエンパワメントの活動を8年間継続した後に設立された。そして正式に設立された後AHRLIMを形成するために、他の組織とつながるようになった。自信をもつことで、「南洋台湾

図●台湾における移民運動の形成

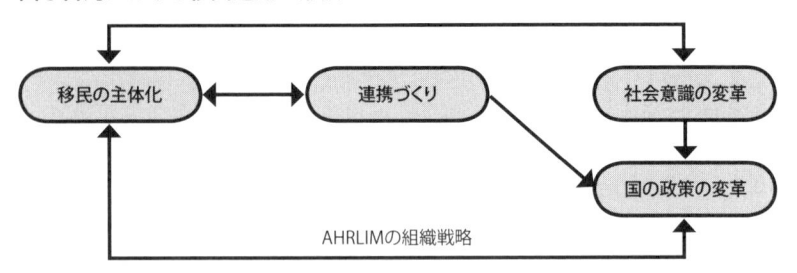

```
         ┌──────────────────────────────────┐
         ↓                                  │
    ┌─────────┐   ┌─────────┐   ┌──────────┐
    │移民の主体化│←→│連携づくり│   │社会意識の変革│
    └─────────┘   └─────────┘   └──────────┘
         ↑            │    ↘         │
         │            │      ↘       ↓
         │            │     ┌──────────┐
         └────────────┴────→│国の政策の変革│
                            └──────────┘
              AHRLIMの組織戦略
```

姉妹会」が組織した結婚移民たちは抗議行動に参加して話すだけでなく、多文化主義や東南アジアの言語、文化の講演などをするようになっている。

台湾の移民運動の形成は図のように表すことができる。何年間かのエンパワメントを経て、結婚移民たちは自分たちの福祉に対する政策や法律の影響をより強く意識するようになり、「南洋台湾姉妹会」が他の組織とともに政策や法律の変更を求めてAHRLIMを結成した。結婚移民の積極的な参加とAHRLIMが推進する移民運動の正当性が確立されたのだ。AHRLIMは結婚移民に対する社会の認識を変え、移民法と政策を変えることをめざしている。運動の連携に積極的に参加し、社会のイメージや国の政策を変えることで、結婚移民たちはさらに元気になり、歴史的存在としての自分たちという意識が強くなる（Hsia, 2006）。

⑹ **連帯の基礎としての多様性**

AHRLIMは、関連する問題に取り組む婦女新知基金会が2003年後半に始めたものである。婦女新知基金会は代表的な女性運動団体であることから、政府はさまざまな協議に婦女新知基金会を招いた。筆者は当時、婦女新知基金会の理事であり、結婚移民の問題について、スタッフから頻繁に相談を受けていた。慎重な議論の結果、私たちは、政府との数多くの会合に努力やエネルギーを浪費すべきではないとの結論に達した。NGOのお墨付きを得たと、政府に利用されてしまうのである。婦女新知基金会は2003年11月6日、協議の場を設けた。そこには組織、研究者、人権問題に取り組む法律専門家、女性、労働者、結婚移民、移住労働者が集まり、連合体の形成について議論した。そして2回の会合を経てAHRLIMが結成されたのである。

私たちは、移民問題は非常に総合的であるべきだし、連合を形成することで視点を広げ、多様なネットワークを通じてさまざまなセクターにつながり、移民と移住者の課題のためにより総合的な運動をつくり出すことができると考えているので、AHRLIMの構成はきわめ

---

2) 多くのNGOは記者会見で、涙を流し、時には顔を隠した「外国人花嫁」を出席させる。これは彼女らの抱える問題についての啓発を意図した、善意によるものかもしれないが、「外国人花嫁」が弱々しく、問題が多い、というイメージを強化している。

て多様である。多様であったが、この同盟は最初から連帯の基盤が存在する。最初の署名活動で述べられているとおり、AHRLIMの立場は、「人種、肌の色、性別、言語、宗教、政治信条、国籍、社会的地位、財産、出生地、その他のいかなる社会的な違いにかかわりなく、すべての人は基本的人権を享受する。私たちは多元的な社会の発展と、差別根絶のための社会的な対話の推進を支持する」というものである。

これを検討したのは設立メンバーの組織であり、これが団結の基盤となった。署名運動の後、AHRLIMはこの団結の基盤に賛同する組織や個人に参加を呼びかけた。そして参加する人、組織が増えた。AHRLIMは関心をもつ個人や団体の参加を歓迎するオープンな連合体である(Chen, 2006)。多様性を尊重するが、新しいメンバーの招待には基本的なルールを決めることにした。団結の基盤を保障するため、新しいメンバーは既存のメンバーに推薦され、さらに3つのメンバーから承認されなければならない、というものである。

(7) 個々の団体に焦点が当たることを意識的に避ける

AHRLIMを始めたのは婦女新知基金会であることから、最初は婦女新知基金会が注目を集めがちだった。たとえばAHRLIMが最初に行った抗議行動は、「女性団体」が始めた、とマスコミが捉えた。AHRLIMが移民と移住者の総合的な課題に取り組む共同行動であることを保障するために、婦女新知基金会は個々の組織ではなく、AHRLIMを前面に出すようにした。たとえば、いろいろな団体の代表者が交代でマスコミの連絡担当となり、AHRLIMの活動では、交代で司会やスピーカーとなった。このような意識的な努力の結果、AHRLIMはマスコミからも政府機関からも1つの集団と認識されるようになった。AHRLIMは事務所も事務局も持たないが、抗議行動に対応するときには政府機関は個々の組織ではなくAHRLIM宛てに文書や手紙を出してくる。

(8) 多様な関心をもつ海外とのつながり

多様なAHRLIMにとっての課題のひとつは、さまざまなメンバーが自らにとって適切な視点を見出し、さらに参加し、AHRLIMが緩やかでありながらも、しっかりした連合体になるような環境を整えることである。AHRLIMは個人や組織の課題とのつながりを明らかにしようとしてきた。たとえば、法律の教授や法律家たちは、AHRLIMが移民法改正案を作るのに大きく貢献してくれ、問題を分析し、法的な視点から戦略を考えてくれた。アドボカシーを行う加盟団体は、議員へのロビー活動や政府との交渉の戦術に詳しく、直接サービスを提供している草の根の（移民と移住者が多い）団体は、直面する課題を持ち込んでくれた。AHRLIMは多様な個人と組織の専門性を高く評価しており、メンバーはお互いを豊かにするこ

とができる（Awakening Foundation, 2006）。

⑼ コミュニケーションの障害を克服し、民主的な意思決定を実現する

　理想的には全メンバーがAHRLIMの会議に参加してほしい。しかし、時間の制約、他の都合、移動距離の長さ（会合は主に台北で開催される）などのゆえに、多くのメンバーは参加できない。参加を促すためにAHRLIMは、全員が議論できるインターネットによるe-groupを作った。会合の前には議題を、会合の後には議事録を掲載し、全メンバーが議論しコメントできる。AHRLIMが台湾の南部にもメンバーを拡大すると、e-groupはますます重要になった。e-groupで議論するというメカニズムのおかげで、実際の会議に出席できない人もコメントし、議論に参加できるようになり、AHRLIMの動きはさらにオープンで民主的になった。

　e-groupの議論のほかに、より民主的な意思決定のメカニズムを保障するため、AHRLIMはコンセンサスの原則を採用している。最初からAHRLIMは、メンバーの間の合意と信頼の形成を重視してきた。分断を避けるためにAHRLIMは、投票による意思決定をしていない。活動を始めることやメンバーの勧誘など、すべての決定は合意による。反対するメンバーがあれば合意ができるまで議論を続ける。時には時間がかかりすぎて、問題にすぐに対処できないこともある。その場合、一部の個人や団体がAHRLIMの名前は使わず、独自に行動を始める（Cheng, 2006）。このような合意形成の努力が、とくにAHRLIMの初期の段階では、多様な背景をもつメンバーとのより強固な連合を形成するのに不可欠である。

⑽ まとめていくための努力

　移民と移住者の問題は非常に複雑であり、AHRLIMは移民と移住者に対する身体的虐待から、政治家の差別発言批判まで、多くの問題に取り組んでいる。移民と移住者の権利擁護の運動は長期にわたるので、AHRLIMは目標を実現するために、課題の優先順位を決め、取組みをまとめていくことが必要だと考えた。AHRLIMは最初に移民政策の法的根拠を検証し、移民法改正の具体的な目標を設定することにした。AHRLIMが何か問題を取り上げるときには、それを移民法の問題と関連させ、現在の移民法が移民と移住者の人権を侵害するものであることを明らかにし、移民法改正を主張するAHRLIMの立場を訴えた。AHRLIMは、移民法改革、そして移民政策の方向性に力を集中することで、さまざまな抗議行動、フォーラムなどの活動を集約することができた。さらに、移民法や関連する政策の研究や、改正の取組みをともに進めることで、メンバー同士の信頼と合意を積み上げていき、AHRLIMの一貫性を強化することになった。2007年11月に移民法改正という目標が達成された後、次の目標は中国大陸出身者に対する規制の改革であると定めた。移民の権利擁護の運動のさらなる強化を

めざすためである。

(11) 連帯を広げる

　AHRLIMは移民問題が総合的であるべきだと理解しているので、ネットワーク拡大の努力を続けている。

　より多くの人々に手を伸ばし、進歩的な団体とのネットワークを拡大するため、AHRLIMは毎年「移民音楽祭」を開催しているTrees Music & Artsという有名なグループと協力した。2006年と2007年、移民の文化と生活を台湾の人々によりよく理解してもらうため、「移民・移住者音楽祭」を開催した。

　さらに2007年、AHRLIMは「移民の資産要件に反対する連合（CAFRI）」の設立に着手した。支援組織は、結婚移民が市民権を申請するのに必要とされる資産要件を強く批判しており、結婚移民とその家族は資産の証明書を求められることが最も理不尽と感じていたことから、AHRLIMは資産証明書反対のキャンペーンを進めるより広い連合体が必要だと考えたからだ。「反対する連合」にはAHRLIM以外のメンバーも多く参加した。「反対する連合」は資産要件に反対する署名運動を始めた。これは100以上の団体、1,300人以上の個人の賛同を得た。何度かの抗議行動を経て、2007年9月にはデモを行い、東南アジアと大陸中国出身の何百人もの結婚移民が参加して、帰化の資産要件に反対した。台湾全土の結婚移民が、自分たちの権利を侵害する政策に反対して行ったという点で、このデモは歴史的なものとなった。

3. 結論

　移民の問題は幅が広く、ジェンダー、階級、民族、人権などのさまざまな問題に関連しているので、その権利擁護の運動には多くのセクターが関わるべきである。AHRLIMの経験を見れば、利害は異なっていても、移民と移住者問題に共通の懸念をもっている組織と個人が、移民運動を進めるために共同で行動できることがわかる。AHRLIMには多くの課題もある。たとえば、きちんとした組織の構造がないままにいかに存続していくのか、移民に対して排外的な国家や人々をどう変えていくのかなどだ。それでもAHRLIMは、移民運動の夢を現実化するひとつの方法を示した。移民運動の発展のアプローチを比較し、お互いから学ぶことが大切である。

　今、結婚移民の問題はグローバル化しており、多くの国家が関連する法律や規則を実施していることから、国際的なネットワークをつくることも必要だ。また、国家は、他国の法律や規制を参考にして、そこから学んだり、自分たちの正当化に利用することが多い。たとえば、結婚移民への資産要件を廃止しない理由として、内務部は資産要件が「普遍的な基準」であると主張し続けている。そして、内務部は大手の新聞の紙面半分に及ぶ広告を出し、米国、カナダ、オーストラリア、ニュージーランド、ドイツ、日本、韓国、シンガポールなどの規制を引用した。AHRLIMの

メンバーは多くの国々の個人や団体とのネットワークをつくっているので、私たちはこれらの国々から情報を集め、政府がその人権無視の政策を擁護するために情報を明らかにゆがめていることがわかった。

2007年9月「南洋台湾姉妹会」とAHRLIMは、共同で「国境管理と移民花嫁のエンパワメント」と題する国際会議を開催した。その結果、「結婚移民の権利とエンパワメントのための行動ネットワーク（Action Network for Marriage Migrants' Rights and Empowerment〔AMM♀RE〕）」が結成された。この組織は現在、結婚移民に対する国家の暴力に反対する国際キャンペーンを展開している（unVEIL）。AHRLIMの経験によれば、移民の権利をさらに擁護し、移民自身の力をさらに強化するためには、移民の権利擁護のための組織の国際的ネットワークをつくることが不可欠なのである。

《参考文献》
・Awakening Foundation 婦女新知基金會 (2006) The Study on the Work on New Immigrant Women by the Advocacy Oriented Women's Organization in Taiwan: The Case of the Involvement of Awakening Foundation in the Alliance for Human Rights Legislation for Immigrants and Migrants. 台北市倡議型婦女團體新移民女性工作之研究―以婦女新知基金會組織參與「移民／住人權修法聯盟」為例。Research Report Submitted to Bureau of Welfare, Taipei City Government 台北市政府社會局95年度婦女議題研究補助案期末研究報告.
・Becker, Howard S. 1963 Outsiders. New York: Free Press.
・Chen, Yi-Chieh 陳怡潔 (2006) *Human Rights Advocacy for New Immigrants: The Experience of ARHLIM* 新移民人權的倡導歷程―以「移民／住人權修法聯盟」為例.;台北大學社會工作研究所碩士論文.
・Freire, Paulo (1970) *Pedagogy of the Oppressed*, New York: Continuum.
・Hsia, Hsiao-Chuan (2004) 'Internationalization of Capital and the Trade in Asian Women—the Case of 'Foreign Brides' in Taiwan". In Delia Aguilar and Anne Lacsamana (eds.), *Women and Globalization*, pp, 181-229, Amherst, New York: Humanity Press.
・Hsia, Hsiao-Chuan 夏曉鵑 (2006) 'The making of immigrants movement: Politics of differences, subjectivation and societal Movement'. '新移民運動的形成―差異政治、主體化與社會性運動', Taiwan: *A Radical Quarterly in Social Studies* 台灣社會研究季刊 61:1-71.
・Hsia, Hsiao-Chuan (2009) "Multicultural Citizenship as A Narrative Strategy to Enhance Immigrants' Movement: the Case of Foreign Brides in Taiwan," to be published in *Asia Pacific Migration Journal*.
・Hsia, Hsiao-Chuan (2007) 'Imaged and Imagined Threat to the Nation: The Media Construction of 'Foreign Brides' Phenomenon as Social Problems in Taiwan," *Inter-Asia Cultural Studies*, Vol. 8, No. 1: 55-85.
・Hsu, Ya-Huei 許雅惠 (2004),《東南亞外籍配偶家庭兒童生活狀況之研究》, 內政部兒童局補助研究報告.

※　原文は英語。

(訳：園崎寿子)

第Ⅱ部
Part 2 Development of Human Rights Activities in the Asia-Pacific Region
アジア・太平洋地域の人権の動向

●国連の動向

Human Rights Activities by the UN in 2008

2008年の国連の動き

1.人権理事会

2008年、人権理事会は、3回の定期会期と3回の特別会期を開催し、設立から2007年にかけて手続などが検討されてきた各国の人権状況の普遍的定期審査、諮問委員会などの新しい制度が開始した。普遍的定期審査では、日本も審査対象国のひとつとなっている。

(1) 普遍的審査
(a) 普遍的定期審査(UPR)とは

人権理事会は、以前の人権委員会にはなかった普遍的定期審査制度(UPR)を設けることにした。それまで、ともすれば政治的な駆け引きによって、人権委員会による人権侵害調査を受けることなくまるで人権優等国のように振る舞ってきた国と、多数の支持を得られないために調査の対象とされた国とがあり、これが不公平であるとする批判が次第に強まってきたという背景があった。UPRでは、国連加盟国192カ国すべての人権の実施状況を、それぞれの国ごとに4年に1度、公平、かつ客観的に審査しようというものである。客観的かつ信頼性のある情報に基づき、審査を受ける国との対話と協力によって、当事国の関与を図ることを原則としている。その目的は、問題のある国を非難することではなく、人権状況の改善をめざして、人権保障義務履行ができるように国の能力を強化することをめざすものであるとされる。

(b) 日本の人権実施状況審査

日本の人権実施状況審査は、5月に開催されたUPRの第2回、5月9日午後の作業部会で行われた。UPRは年に3回、それぞれ16カ国の審査を行う。審査は日本政府からの報告書1)と人権高等弁務官事務所が準備した2つの文書、すなわち、人権条約履行監視機関、特別手続その他の国連の公式文書から日本に関連するものをまとめたもの2)と、人権関係団体からの情報をまとめたもの3)により行われた。

作業部会では、まず日本政府代表が政府報告書の一般的説明をし、その後、前もって出されていた質問に答えるかたちで政府見解が述べられた。その後の「対話」では、42カ国が発言をしたが、そのなかで、ハンセン病元患者の人権、公務員の人権教育、人身売買防止、女性と子どもに対する暴力防止、開発と社会経済分野での日本の国際協力について、政府の努力を積極的に評価する発言があった。

多くの国の代表は、質問と、批判そして勧告を織り交ぜて発言をしたが、これらは、ジブチ、フランス、インドネシアの3理事国からなる報告者(トロイカと呼ばれる)によって26の勧告として整理された4)。

(c) 取り上げられた人権課題と勧告

---

1) A/HRC/WG.6/2/JPN/1 (2008年4月18日). 以下のサイトよりアクセス可能:<http://www.ohchr.org/EN/HRBodies/UPR%5CPAGES%5CJPSession2.aspx>。仮訳は、<http://www.mofa.go.jp/mofaj/gaiko/jinken_r/pdfs/upr_sh0803.pdf>。
2) A/HRC/WG.6/2/JPN/2 (2008年4月8日).
3) A/HRC/WG.6/2/JPN/3 (2008年4月3日). 以下のサイトよりアクセス可能:<http://www.ohchr.org/EN/HRBodies/UPR%5CPAGES%5CJPSession2.aspx>。

発言国によってなされた勧告を大まかに以下のようにまとめた。
① いくつかの人権条約あるいはその選択議定書で定められた人権侵害個人通報制度を受諾すべきである。
② パリ原則に則った独立性を保証された国内人権機関をつくるべきである。
③ 死刑制度の存在、死刑判決、執行が行われていることに鑑み、死刑廃止や執行停止（モラトリアム）を積極的に進めるべきである。
④ 刑事拘禁、拘留、尋問の実態は拷問等禁止条約に抵触する可能性があり、改めるべきである。代用監獄制度の廃止と尋問の可視化を進めるべきである。
⑤ 差別と外国人嫌悪を定義し、非差別と平等の原則に基づく差別禁止立法を求める。
⑥ 女性に対する差別的法規定をはじめ、女性差別に対処する措置をすべきである。
⑦ 国連人権制度（条約履行監視機関と特別手続）による勧告が誠実に実施されていない。なかでも、自由権規約委員会や拷問禁止委員会の勧告、第二次世界大戦中日本軍のもとで引き起こされた「慰安婦」問題解決に向けての特別報告者の勧告を真摯に受け止め、実施すべきである。
⑧ 先住民族の権利宣言に則った先住民族としての権利を認めるべきである。
⑨ 難民認定手続と入国管理センターでの収容者取扱いの実態を人権規準に沿ったものにすべきである。第三者機関の設置や、モニター制度をつくるべきである。
⑩ 人権理事会の特別手続制度のもとでの訪問調査に対して自動的受入れを表明すべきである。
⑪ UPRのプロセスに市民団体の実質的参加を担保すべきである。

6月に開催された第8会期において、日本も含め第1回、第2回のUPR作業部会の報告が採択された。報告で出された勧告について、国によっては作業部会で受入れを表明するもの、理事会で表明するとするものなど反応はさまざまであった。日本は第8会期において、国内人権機関設立、女性に対する差別への対処、難民認定手続、UPRプロセスへの市民社会の参加などについての勧告はフォローアップすることを表明し、先住民族の権利に関する勧告についてはアイヌ民族を先住民族とすることを求める決議が国会で採択されたことを報告した。その他の差別禁止法、被拘禁者の処遇に関する勧告などについては現状で問題がない、あるいは死刑制度についてのように検討しないとするなど、実質的には受入れを拒否している[5]。

(d) UPRの審査の現実

まず日本政府の提出した報告書については、その大部分は、法制度、組織、政策、方針、計画などの一般的説明に流れているきらいがあり、人権義務履行の現状、実態が見えにくい。報告書準備のための指針が求める、「成果」とともに「課題と困難」など問題点の率直な記述は、人権に関わる市民団体の積極的な参加がなければ難しい。団体と市民の意見を、日本政府報告書はインターネットにより聴取したというが、それは報告書作成のための「幅広い協議」とはいえない。

次に、発言した国の多くが特定の問題に言及した。死刑制度とそれに関連する問題、代用監獄制度など犯罪被疑者拘留とその他の刑事司法に関わる問題である。これは、日本が先進国のなかでもアメリカと並んで死刑

---

4) 日本に関する作業部会の報告書は採択されたものの、執筆の時点では公表されていない。A/HRC/8/44/（2008年5月30日付）. <http://lib.ohchr.org/HRBodies/UPR/Documents/Session2/JP/A_HRC_8_44_Japan_E.pdf>（英文）.
5) A/HRC/8/44/Add.1. <http://lib.ohchr.org/HRBodies/UPR/Documents/Session2/JP/A_HRC_8_44_Add1_Japan.pdf>.

を執行している国としてとくにヨーロッパやラテンアメリカ諸国から懸念をもって見られていることの現れであるのかもしれないが、日本弁護士連合会の強力なロビー活動があったことも効を奏したと見るべきであろう。IMADRが差別問題に関して行ったロビー活動は、差別を取り巻く課題に関して幅広い勧告が出たことに反映された。第二次世界大戦中の「慰安婦」に関する日本政府の責任問題についてもロビー活動があり、これも韓国と朝鮮民主主義人民共和国双方からの勧告が記録されることになった。

日本政府報告書では触れられていない経済的、社会的、文化的権利について、NGOからの情報をまとめた文書にある問題が、その人権状況の深刻さにもかかわらず、どの発言でも取り上げられることはなかった。ロビー活動をするグループがいなかったということがその一因であるにしても、作業部会の主役である理事国側の勉強不足ではなかったか。

日本政府は、作業部会での審査に対応するために、担当省庁の専門官を出席させた。人権課題に関して質問や勧告があると、それに応えるという対話形式で審査が進められたが、あまりにも日本側の立場や政策を説明することに固執し、異なる意見、論点、勧告に開かれた対応ができなかったように思われた。死刑制度に対する批判や死刑の執行停止の勧告に対する「反論」には、日本としてはこの件に関して再考の余地はないという印象を作業部会参加者に与えたようである。

(e) 評価

UPRは2008年4月に始まった、まったく新しい制度である。この制度が本来の機能を発揮するまで、今はまだ試行錯誤の段階にあると見てよかろう。人権理事会の理事国による審査が審査対象国との「対話と協力」を原則とするということを言い訳にして、人権を尊重していない国同士が互いにかばい合っているという批判もあるが、1980年代に生まれたテーマ別の特別報告者その他の「特別手続」といわれる制度が25年を過ぎた今、その有効性がようやく認められてきたことを見ても、もうしばらくの時間をおきたいと思う。

(2) 諮問委員会

人権委員会の下に設置されていた人権保護促進小委員会に代わって設立された人権理事会諮問委員会の第1会期は8月に開催された。委員会は18名の個人資格の専門家で構成され、理事会の要請を受けて調査研究などに基づく助言を行う。第1会期では、人権教育・トレーニング、食糧の権利、ハンセン病患者に対する差別撤廃などの問題が取り上げられることが決まった[6]。

(3) 食糧の権利に関する特別会期

人権理事会は、メンバー国の3分の1以上の支持があれば、メンバー国1カ国の要請を受けて緊急事態に対応するために特別会期を招集することができ、設立以来、これまでパレスチナ、レバノン、スーダンのダルフール地方、ミャンマーの状況について特別会期が開催されてきたが、食糧価格の高騰などによる世界各地での食糧不足に対する懸念を受け、5月に初めて特定の国・地域を対象としない、食糧の権利に関する特別会期を開催した。

理事会は、世界の食糧危機の悪化について懸念を表明し、各国に食糧の権利の実現を確保するあらゆる措置をとり、自国に住む人々、とくに影響を受けやすい立場にある人々の食糧のニーズを満たす最善の努力を払う第一義的義務があることを強調し、国際社会に技術移転や支援などを通して国や地域の取組みに援助を提供することなどを求める決

---

[6] A/HRC/AC/2008/1/L.11. <http://www2.ohchr.org/english/bodies/hrcouncil/advisorycommittee/documentation.htm>.

議をコンセンサスで採択した7)。

(4) 社会権規約選択議定書

2008年の人権理事会の主要な成果のひとつが社会権規約の選択議定書の採択である。社会権規約は自由権規約と同じ時期に起草され、同じ1966年に採択されたが、自由権規約とは違い、個人通報制度を規定する選択議定書はつくられなかった。1993年のウィーン宣言および行動計画に、人権委員会に対して社会権規約委員会と協力して選択議定書の可能性を検討するよう促す条項が含まれ (II、75条)、2002年には作業部会が人権委員会の下でつくられ、検討が続けられていた。人権理事会となった2006年には、正式な起草作業が始まり、6月に開催された第8会期で総会に採択を求める決議が採択され、12月10日、第63回国連総会で採択された8)。理事会、総会においても、社会権規約に挙げられる権利は委員会のような機関による審査になじまないなど反対も出されたが、コンセンサスで採択された9)。選択議定書には、個人通報制度のほか、国家間通報、委員会が重大または制度的な侵害について調査する調査制度についても規定する。

(白石理／ヒューライツ大阪所長)

2. 国連難民高等弁務官事務所 (UNHCR)

(1) UNHCRの支援対象者数10)

2007年末におけるUNHCRの支援対象者は、年始の3170万人となり、1年間で3％の減少となった。

内訳については、難民が1140万人、庇護希望者が74万人で、帰還した難民が73.1万人、支援／保護した国内避難民が1370万人、帰還を支援した国内避難民が210万人となっており、支援対象者のうち最も多いのは難民ではなく、国内避難民となっている。さらに、無国籍者が290万人、他の要支援者が6.9万人いる。国内避難民が7％増加した一方で、無国籍者は以前より半減しており、これはバングラデシュとネパールにおいて大きな進展があったためと説明されているが、まだ実態把握が完全にはされておらず、UNHCRの推計では、世界中の無国籍者は1200万人に上ると見られている。

難民については、82％にあたる930万人を発展途上国が受け入れており、後発発展途上国とされる50カ国において、全難民の18％が受け入れられている。地域別に見ると、難民の受入れが最も多いのはアジアの55％であり、次いでアフリカ22％、ヨーロッパ14％、ラテンアメリカおよびカリビアン5％、北アメリカ4％、オセアニア0.3％となっている。

主要な難民受入国としては最も多いのはパキスタンで、UNHCRの推計によると約200人の難民を受け入れている。次いでシリア150万人 (政府推計)、イラン96.4万人、ドイツ57.9万人、ヨルダン50万人 (政府推計)、タンザニア43.6万人である。主要な難民出身国はアフガニスタン300万人、次いでイラク230万人、スーダン52.3万人、ソマリア45.7万人、ブルンジ37.6万人、コンゴ民主共和国37万人となっている。

(2) 国際的な難民保護の動向

2008年9月に実施されたUNHCRの執行

---

7) A/HRC/S-7/2. <http://www2.ohchr.org/english/bodies/hrcouncil/specialsession/7/index.htm>.
8) A/RES/63/117. <http://www.un.org/ga/63/resolutions.shtml>.
9) A/HRC/RES/8/2. <http://ap.ohchr.org/documents/E/HRC/Resolutions/A_HRC_RES_8_2.pdf>.
10) "2005 Global Refugee Trends" UNHCR Geneva, 9 June 2006より。

委員会において、高等弁務官補のエリカ・フェラー氏は以下のように語った。

まず、世界中、とくに難民受入国において非寛容が広がっていることについて懸念を表明した（とりわけ、南アフリカにおける難民／移民への攻撃）。

次に、アジアにおいては非正規移民と難民を区別していない、とりわけ東南アジアの国々へ懸念を表明し、中央アジアにおける政治的緊張のため難民の保護が悪化している状況に対して懸念した。また、アデン湾においてソマリア人の死体58人が確認されていること、地中海においても数名の死体が確認されていることを受け、海上における難民保護のためのセーフティネットの構築の必要性について言及した。

12月10〜11日、ジュネーブにて高等弁務官との協議会が開かれた。2007年来定例化しているこの協議は、解決が長期化する難民の保護に焦点を当てて、包括的な解決方法を模索していくことが確認された。

新しいガイドラインの策定については、2008年5月に子どもの最善の利益を決定するガイドラインが作成され、実施されている。

(3) EXCOM結論

特定のテーマに関するEXCOM結論は採択されなかった。

(4) 難民条約締約国数

2008年10月現在、モンテネグロが新たに締約国になったため、難民条約および難民議定書（もしくはどちらか一方）の締約国は148カ国である。また、無国籍者の地位に関する条約の締約国は62カ国、無国籍者の削減に関する条約の締約国は34カ国である。

(5) アジア・太平洋地域における難民保護に取り組むNGOネットワーク（APRRN: Asia Pacific Refugee Rights Network）の設立

2008年11月20〜21日まで、Forum Asiaの主催で、難民の権利に関するアジア太平洋協議会が開催された。同地域における13カ国、70以上の団体が参加し、各国の難民受入れ状況、支援とアドボカシーの両方を実施することの必要性や課題について議論が交わされた。同地域においては初めての難民の権利およびアドボカシーを含んだ会合となった。UNHCRの統計によると、世界で最も難民を受け入れている同地域ではあるが、韓国・日本・フィリピン・オーストラリア・ニュージーランド等の数えるほどの国を除いては難民条約の締約国ではなく、とりわけマレーシア、タイなどでは何万人もの難民を受け入れながら、非正規滞在外国人として扱っている。この地域において、困難な状況ながら難民支援に取り組むNGOが一同に会することができた意義は大きく、今後のネットワークの発展が期待されている。

また、さらに日本・韓国・香港のNGOを中心に難民保護に関する東アジアワーキンググループが設立され、3カ国／地域での連携が深まることも期待されている。

(6) 日本における難民保護の動向

2008年は1982年の制度開始後最多となる1,599人が難民認定申請を行い、前年に比べても783人、約2倍の増加となった。主な申請者数はミャンマー（ビルマ）979人、トルコ156人、スリランカ90人であり、ここ3年間、これらの国籍出身者が上位3カ国を占めている。認定については57人で、うち54人がミャンマー（ビルマ）人と圧倒的多数を占めている。また、人道配慮による在留許可者数は360人で、過去最高となった。難民認定申請にかかる期間は平均20カ月[11]とされており、引き続き長期間にわたって結果を待って

11) 参議院法務委員会議事録第3号（2008年3月25日）より。

いることが明らかになった。

　2008年12月の閣議了解により、日本政府が2010年度より、第三国定住による難民について、パイロット・ケースとして受入れを開始することが決まった。タイに滞在しているミャンマー（ビルマ）難民で、UNHCRが難民として認定し日本政府へ対して推薦する人たちのなかで「日本社会への適応能力がある者であって、生活を営むに足りる職に就くことが見込まれるもの及びその配偶者又は子」を年1回、毎回30人のペースで受け入れていくこととしている。アジアで最初の第三国定住実施国として、今後も日本に自力でたどり着いた難民の保護についても拡充し、海外の難民キャンプにて解決の途が見られない難民へ対しても積極的に受け入れていくことが期待されている。また、たとえばアフリカ出身の難民が再定住において差別を受けている[12]という状態の解消にどのように寄与できるのか、パイロット・ケースを経た後の取組みにも注目したい。

　　　　　（石川えり／NPO法人難民支援協会事務局長）

3. 条約委員会

　主要人権条約には締約国による履行を監視するために、それぞれ条約委員会が設置されている。これらの委員会は締約国がそれぞれの条約の実施状況に関して提出する報告を審議する。また、個人通報制度をもつ条約については、個人からの申立てを検討し、見解を出す。

　2008年12月10日、第63回国連総会は、社会権規約の選択議定書を採択した。この選択議定書は10カ国の批准で発効し、社会権規約委員会は、選択議定書の締約国領域内の個人から規約違反の申立てを受理することができるようになる。女性差別撤廃委員会は、2008年1月に開催された第40会期から、ジュネーブの人権高等弁務官事務所に事務局を置くことになった。それまでは、ニューヨークの国連事務局内の女性の向上部を事務局としていた。障害者権利条約とその選択議定書が2008年5月に発効し、11月には締約国会合が開催され、障害者権利委員会の12名の委員が選出され、2009年2月には第1回会期を開催した。

　2009年～2010年の各委員会の会合予定は**表**のとおり。

　　　　　（岡田仁子／ヒューライツ大阪）

---

[12] UNHCRはNote on International Protection Report by the High Commissioner(A/AC.96/1053)において、数カ国において、たとえばアフリカの難民が差別のために再定住の機会を否定されていると述べている。

表●2009〜2010年の国連条約機関の検討仮日程（2009年4月13日現在）

	会期	期間	審議される国（予定）
社会権規約委員会	第42会期	2009.5.4-5.22	ブラジル(2)、キプロス(4-5)、英国(4-5)、**オーストラリア(4)**、**カンボジア(1)**
	第43会期	2009.11.2-20	**韓国(3)**、ポーランド(5)、チャド(1-3)、マダガスカル(2)、コンゴ民主共和国(2-5)、ガボン(*)
自由権規約委員会	第96会期	2009.7.13-31	アゼルバイジャン(3)、オランダ(4)、モルドバ(2)、スイス(3)、タンザニア(4)
	第97会期	2009.10	アルゼンチン(4)、クロアチア(2)、エクアドル(5)、**ニュージーランド(5)**、ロシア(6)
人種差別撤廃委員会	第75会期	2009.8.3-28	アゼルバイジャン(5-6)、チリ(15-18)、**中国(10-13)**、コロンビア(10-14)、ギリシャ(16-19)、モナコ(1-6)、**フィリピン(15-20)**、ポーランド(17-19)、アラブ首長国連邦(12-17)、チャド(10-15)、エチオピア(7-16)、パナマ(15-20)、ペルー(14-17)
	第76会期	2010.2-3	アルゼンチン(19-20)、ボスニア・ヘルツェゴビナ(7-8)、カメルーン(15-19)、キューバ(14-18)、グアテマラ(12-13)、アイスランド(19-20)、イラン(18-20)、**日本(3-4)**、**カザフスタン(4-5)**、モロッコ(17-18)、オランダ(17-18)、スロベニア(6-7)、ルーマニア(16-19)、スロバキア(6-8)、**ウズベキスタン(6-7)**
子どもの権利委員会	第51会期	2009.5.25-6.12	**バングラデシュ(3-4)**、フランス(3-4)、モーリタニア(2)、ニジェール(2)、ルーマニア(3-4)、スウェーデン(4)
	第52会期	2009.9.14-10.2	ボリビア(4)、モザンビーク(2)、**パキスタン(3-4)**、**フィリピン(3-4)**、カタール(2)
女性差別撤廃委員会	第44会期	2009.7.20-8.7	アルゼンチン(6)、アゼルバイジャン(4)、**ブータン(7)**、デンマーク(7)、ギニア・ビサウ(1-6)、**日本(6)**、**ラオス(6-7)**、リベリア(1-6)、スペイン(6)、スイス(3)、**東ティモール(1)**、**ツバル(1-2)**
	第45会期	2010.1	ボツワナ(1-3)、エジプト(6-7)、マラウィ(6)、オランダ(5)、パナマ(4-7)、アラブ首長国連邦(1)、ウクライナ(6-7)、**ウズベキスタン(4)**
拷問禁止委員会	第42会期	2009.4.27-5.15	チャド(1)、チリ(5)、ホンデュラス(1)、イスラエル(4)、**ニュージーランド(5)**、ニカラグア(1)、**フィリピン(2)**
	第43会期	2009.11.2-20	アゼルバイジャン(3)、コロンビア(4)、エルサルバドル(2)、モルドバ(2)、スロバキア(2)、スペイン(5)、イエメン(2)
移住労働者権利委員会	第10会期	2009.4.20-5.1	アゼルバイジャン(1)、ボスニア・ヘルツェゴビナ(1)、コロンビア(1)、**フィリピン(1)**
	第11会期	2009.10.12-16	**スリランカ(1)**

注1●国連人権高等弁務官事務所のホームページ（http://www.ohchr.org/english/）より。審議済みを含む。
注2●審議される（予定）国の太字はアジア・太平洋地域。
注3●審議される国の後の（　）内は対象となる報告、(*)は報告書なしの審議。

資料1

自由権規約委員会
総括所見・日本

CCPR/C/JPN/CO/5

1. 委員会は、2008年10月15日及び16日に開かれた第2574回、2575回及び2576回の会合で、日本の第5回定期報告書（CCPR/C/JPN/5）を審査し、2008年10月28日及び29日に開かれた第2592回、2593回及び2594回の会合で、以下の総括所見を採択した。

A. 序論

2. 委員会は、締約国の包括的な第5回定期報告書、検討すべき課題一覧に対する書面による回答及び委員会の口頭による質問に対し、代表団が行った詳細な回答を歓迎する。しかし、委員会は、2002年10月が期限であったにもかかわらず、この報告書が2006年12月に提出されたことに留意する。委員会は、関係省庁の高官からなる大代表団と、対話に強い関心を示す多くの国内NGOの出席に感謝する。

B. 肯定的側面

3. 委員会は、男性と女性による権利の平等な享有を進めるために採られたいくつかの立法上または制度上の措置、特に以下の措置を歓迎する。
(a) 1999年に男女共同参画社会基本法が採択されたこと
(b) 男女共同参画担当大臣が任命されたこと
(c) 2020年までに社会の全ての分野において指導的地位に女性が占める割合を少なくとも30パーセントとすることを目的として掲げる第2次男女共同参画基本計画が、2005年に内閣により承認されたこと
(d) 男女共同参画基本計画を促進し、男女共同参画社会の発展のための基本政策を調整する男女共同参画局が設置されたこと

4. 委員会は、(a)配偶者暴力相談支援センター、婦人相談所及び婦人保護施設の設置、(b)改正配偶者からの暴力の防止及び被害者の保護に関する法律の下での保護命令件数の増加及び保護命令範囲の拡充及び(c)人身売買を撲滅するため、2004年に人身取引対策行動計画を採択し、人身取引対策に関する関係省庁連絡会議を設置したこと等、家庭内暴力や性暴力及び人身売買を含むジェンダーに基づく暴力や搾取の被害者を保護し、支援するために締約国が採った措置に留意する。

5. 委員会は、締約国が2007年に国際刑事裁判所に関するローマ規程へ加入したことを歓迎する。

C. 主要な懸念事項と勧告

6．委員会は、第4回政府報告書の審査後に出された勧告の多くが履行されていないことに、懸念を有する。

締約国は、今回及びこれまでの総括所見で委員会によって採択された勧告を実施すべきである。

7．委員会は、規約の条項に直接言及した国内裁判所の判断に関して、規約違反はないとした最高裁判所判決以外の情報が存在しないことに留意する（規約2条）。

締約国は、規約の適用と解釈が、裁判官、検察官及び弁護士のための専門的教育の一部に組み込まれること及び規約に関する情報が下級審も含めすべてのレベルの司法機関に普及されることを確保すべきである。

8．委員会は、締約国が規約の第一選択議定書を批准しない理由の一つが、その批准が司法の独立を含む司法制度に関する問題を引き起こす可能性があるとの懸念であることに留意する。

締約国は、委員会の一貫した法解釈として、これは、上訴審としての第四審ではなく、国内裁判所が行う事実や証拠の評価、国内法の解釈適用に関する再審査は原則的に行わないとしていることを考慮し、第一選択議定書の批准を検討すべきである。

9．委員会は、締約国がいまだに独立した国内人権機関を設立していないことに、懸念を持って留意する（規約2条）。

締約国は、パリ原則（国連総会決議48/134・附属書）に則り、締約国によって承認されたすべての国際人権基準をカバーする広範な権限と、公権力による人権侵害の申立てを審査し、かつ、活動する権限を有する独立した国内人権機関を政府の外に設立し、同機関に対して十分な経済的・人的資源を割り当てるべきである。

10．委員会は、「公共の福祉」が人権に対して恣意的な制限を課す根拠とはなり得ないとの締約国の説明を考慮に入れても、「公共の福祉」の概念は曖昧かつ無限定で、規約の下で許される範囲を超える制限を許容しかねないとの懸念を、繰り返し表明する（規約2条）。

締約国は、「公共の福祉」の概念を定義し、かつ、規約が保障する権利に対する「公共の福祉」を理由とするいかなる制限も、規約のもとで許容される制限を超えてはならないことを明記する法律を制定すべきである。

11．委員会は、民法中の女性に作用する差別的な条項、例えば離婚後6か月間の女性の再婚禁止や、男性と女性の婚姻年齢の差異などについて、懸念を繰り返し表明する（規約2条(1)、3条、23条(4)及び26条）。

締約国は、女性の離婚後の再婚禁止期間を削除し、男性と女性の婚姻最低年齢を統一するとの観点から、民法を改正すべきである。

12．委員会は、公職における女性の参画についての数値目標にもかかわらず、女性が国会の議席のわずか18.2％、中央官庁の課長級以上の地位の1.7％しか占めておらず、女性の社会参加促進のための2008年計画で定められた数値目標のいくつかは、例えば2010年までに中央官庁の課長級と同等の地位の女性の参画について5％を目標とするというように、極端に控えめであることを、懸念を持って留意す

る(規約2条(1)、3条、25条及び26条)。

　締約国は、例えば法令による割当制を導入したり女性の参画の数値目標を見直したりする等、特別の措置を採用することによって、2005年に採択された第二次男女共同参画基本計画で定められた時間の枠内で、国会及び政府の最高位レベル及び公職における女性と男性の衡平な参画を実現するための努力を強化すべきである。

13．委員会は、女性が民間企業の管理職的立場に占める割合がわずか10%であり、平均して男性の賃金の51%しか受け取っていないこと、女性が非正規雇用労働者の70%を占め、そのため有給休暇、母性保護、家族手当などの福利厚生から排除され、その不安定な契約状況のためにセクシュアルハラスメントにさらされやすいこと、そして家庭生活を維持するために往々にしてパートタイム労働者として働くことを余儀なくされているという報告に、懸念を有する(規約2条(1)、3条及び26条)。

　締約国は、(a)すべての企業に、女性にとって均等な雇用機会を確保するためのポジティブ・アクション(積極的差別是正措置)を取るよう求め、(b)労働時間の長時間化をもたらす労働基準のいかなる規制緩和も見直すこととし、(c)男性と同様女性が仕事と家庭生活のバランスを取れるようにとの観点から保育施設の数をさらに増加させ、(d)改正パートタイム労働法のもとでパートタイム労働者が均等待遇を得るための条件を緩和し、(e)職場でのセクシュアルハラスメントを刑事処罰の対象とし、(f)男女雇用機会均等法のもとで禁止される間接差別の形態を、当該労働者が世帯主であるとの地位、又は、パートタイム労働者若しくは契約社員であるとの地位に基づく異なる取扱いにまで拡大し、間接差別を防止するための効果的な措置を取ることを含む、女性の正規職員としての雇用を促進し、性別による賃金格差を解消するための措置を取るべきである。

14．委員会は、刑法177条の強かんの定義が男女間の現実の性交渉しかカバーしておらず、攻撃に対する被害者の抵抗が要件とされていること、強かん及びその他の性犯罪が、被害者が13歳未満である場合を除き被害者の告訴なしには訴追できないことに、懸念を持って留意する。委員会は、また、性暴力加害者がしばしば公正な処罰を免れたり軽い刑に処されたりすること、裁判官がしばしば被害者の過去の性的経歴に不適切に焦点を当て、被害者に攻撃に対して抵抗したことの証拠を提出するよう求めること、改正受刑者処遇法及び警察庁の被害者保護のための指針の監督と施行が非実効的であり、性暴力について専門的な訓練を受けた医師と看護師が、そのような訓練を提供するNGOに対するサポートとともに欠如していることにも、懸念を有する(規約3条、7条及び26条)。

　締約国は、刑法177条の強かんの定義の範囲を拡大して、近親相かん、現実の性交渉以外の性的虐待が男性に対する強かんと共に重大な刑事犯罪であると考えられるように確保し、攻撃に対して抵抗したことを立証しなければならないという被害者の負担を取り除き、強かん及びその他の性暴力犯罪を職権で訴追すべきである。締約国はまた、裁判官、検察官、警察官及び刑務官に対する、性暴力についてのジェンダーに配慮した義務的研修を

123

導入すべきである。

15．委員会は、ドメスティック・バイオレンスの加害者に対する量刑が報告によると軽いとされていること、保護命令違反者の逮捕が、度重なる違反のある場合または警告を無視した場合にのみなされることを懸念する。委員会は、また、ドメスティック・バイオレンス被害者に対する長期的な支援が欠如していること、外国人であるドメスティック・バイオレンス被害者に対する在留資格付与の遅れが、安定した雇用に応募し社会保障給付へアクセスすることを事実上排除していることに、懸念を有する（規約3条、7条、26条及び2条(3)）。

締約国は、ドメスティック・バイオレンス加害者に対する量刑政策を見直し、保護命令違反者を勾留して訴追し、ドメスティック・バイオレンス被害者に対する損害賠償額とシングルマザーに対する育児手当額を増大させ、損害賠償と子どもの扶養に対する裁判所の命令を執行し、長期的なリハビリプログラムやリハビリ施設を、国民でない者を含む特別な必要のある被害者に対する援助と同様に、強化すべきである。

16．委員会は、実務上、殺人を含む犯罪に対してしか死刑が科されていないことに留意しつつも、死刑を科すことのできる犯罪の数が依然として減少していないこと及び死刑執行の数が近年着々と増加していることへの懸念を繰り返し表明する。委員会は、また、死刑確定者が単独室拘禁に付され、それがしばしば長期間にわたり、また死刑執行の日に先立って告知されることなく処刑され、高齢者や精神障がいがあるという事実にもかかわらず執行される例があることに懸念を有する。恩赦、減刑ないし執行延期に関する権限が行使されていないこと、またこうした救済による利益を求める手続に関する透明性が欠けていることもまた、懸念事項である（規約6条、7条及び10条）。

締約国は、世論調査の結果にかかわらず、死刑の廃止を前向きに検討し、必要に応じて、国民に対し死刑廃止が望ましいことを知らせるべきである。当面の間、規約第6条第2項にしたがい、死刑は最も深刻な犯罪に厳格に限定されるべきである。締約国は、死刑確定者の処遇、高齢者ないし精神障がい者の執行に関し、より人道的なアプローチをとるよう考慮すべきである。締約国は、死刑執行に自ら備える機会がないことにより被る精神的苦痛を軽減するとの観点から、死刑確定者及びその家族に、予定されている死刑執行の日時について適切な余裕をもって合理的な事前の告知が与えられることもまた確保すべきである。恩赦、減刑及び執行延期は、死刑を科された者にとって真に利用可能なものとされるべきである。

17．委員会は、上訴権を行使しないまま有罪とされ死刑を科される被告人の数が増加していること、裁判所が再審開始を決定するまでは、死刑確定者と再審請求を担当する弁護士との面会に刑事施設職員が立会い、監視をすること、再審や恩赦の請求に死刑の執行を停止する効力がないことを、懸念を持って留意する（規約6条、14条）。

締約国は、死刑判決に対する（上訴審における）再審査を義務的とするシステムを導入し、再審請求や恩赦の出願による執行停止効を確保すべきである。執行停止の濫用を防止するため、恩赦の出願

の回数には制限が設けられてもよい。締約国は、また、死刑確定者と再審に関する弁護士との間のすべての面会の厳格な秘密性を確保すべきである。

18．委員会は、刑事収容施設及び被収容者等の処遇に関する法律のもとで、捜査と拘禁の警察機能が正式に分離されたにもかかわらず、代替収容制度（代用監獄）は、そのもとで被疑者が、捜査を容易にするために23日間にも及ぶ期間、保釈の可能性なく、特に逮捕後の最初の72時間においては弁護士へのアクセスも限定された状態で、警察の拘禁施設に拘禁されうるものであり、長期に及ぶ取調べと自白を得る目的での濫用的な取調方法の危険を増加させることについて、懸念を繰り返し表明する（7条、9条、10条及び14条）。

締約国は、代用監獄制度を廃止すべきであり、あるいは規約第14条に含まれるすべての保障に完全に適合させることを確保すべきである。締約国は、すべての被疑者が取調べ過程の最中を含み弁護士と秘密に交通できる権利、逮捕されたその時から、かつ、犯罪嫌疑の性質に関わりなく法律扶助が受けられる権利、自分の事件と関連するすべての警察記録の開示を受ける権利及び医療措置を受ける権利を確保すべきである。締約国は、また、起訴前保釈制度も導入すべきである。

19．委員会は、警察内部の規則に含まれる、被疑者の取調べ時間についての不十分な制限、取調べに弁護人が立ち会うことが、真実を明らかにするよう被疑者を説得するという取調べの機能を減殺するとの前提のもと、弁護人の立会いが取調べから排除されていること、取調べ中の電子的監視方法が散発的、かつ、選択的に用いられ、被疑者による自白の記録にしばしば限定されていることを、懸念を持って留意する。委員会は、また、主として自白に基づく非常に高い有罪率についても、懸念を繰り返し表明する。この懸念は、こうした有罪の宣告に死刑判決も含まれることに関して、さらに深刻なものとなる。

締約国は、虚偽自白を防止し、規約第14条のもとの被疑者の権利を確保するとの観点から、被疑者の取調べの時間に対する厳格な時間制限や、これに従わない場合の制裁措置を規定する法律を採択し、取調べの全過程における録画機器の組織的な利用を確保し、取調べ中に弁護人が立会う権利を全被疑者に保障しなければならない。締約国は、また、刑事捜査における警察の役割は、真実を確定することではなく、裁判のために証拠を収集することであることを認識し、被疑者による黙秘は有罪の根拠とされないことを確保し、裁判所に対して、警察における取調べ中になされた自白よりも現代的な科学的な証拠に依拠することを奨励するべきである。

20．委員会は、刑事施設視察委員会及び2006年の刑事収容施設及び被収容者等の処遇に関する法律のもとで設立された留置施設視察委員会、法務大臣によって棄却された不服申立てを再審査する刑事施設の被収容者の不服審査に関する調査検討会、さらに被留置者によって提出された苦情の申出、審査の申請、事実の申告を再審査する責任を有する都道府県公安委員会もまた、受刑施設及び留置施設の外部査察・不服審査メカニズムを効果的なものとするために必要とされる、独立性と人的資源、権限を欠いていることに懸念を有する。この点に関して、委員会は、2005年から2007年までの期間、留置施

設職員に対し、暴行又は虐待の罪による有罪判決又は懲戒処分が下されていないことに、留意する。

締約国は、以下のことを確保すべきである。

(a) 刑事施設視察委員会及び留置施設視察委員会はその権限を効果的に果たすために、十分な人員配置がなされ、またすべての関連情報に完全にアクセスすることができなければならない。さらに、その委員は、刑事施設ないし留置施設の管理者によって任命されるべきではない。

(b) 刑事施設の被収容者の不服審査に関する調査検討会は、十分なスタッフが保障され、その意見は法務省を拘束するものでなければならない。

(c) 被留置者から提出された不服申立てを再審査する権限は、都道府県公安委員会から、外部の専門家からなる独立の機関に委譲されなければならない。

締約国は、次の定期審査報告書の中には、受刑者及び被留置者から受けた不服申立ての件数及びその内容、違法行為をおこなった行為者に科せられた刑罰又は懲戒措置、被害者に提供された補償の内容を盛り込むべきである。

21．委員会は、死刑確定者が、精神的及び情緒的な安定性を確保するという名目により、昼夜にわたり単独室に拘禁されていること、また、無期刑受刑者の中にも長期間にわたり単独室拘禁に付されている者がいることに懸念を有する。委員会はまた、被収容者が事前に医師の診察なく保護室に拘禁されることができ、その期間は当初72時間であり無制限に更新可能であるという報告、また、一定の範疇の受刑者は、分離された「収容区画」に収容され、その措置に対して不服申立てをする機会が与えられていないという報告に懸念を有する（7条及び10条）。

締約国は、死刑確定者を単独室拘禁とする規則を緩和し、単独室拘禁は限定された期間の例外的措置にとどめることを確保し、保護室への収容には期間の上限を設けると共に事前に身体及び精神面の診察を行い、また、明確な基準ないし不服申立ての機会もないまま一定の受刑者を「収容区画」に隔離する実務を廃止するべきである。

22．委員会は、政府が依然として第二次世界大戦中の「慰安婦」制度に対する責任を受け入れていないこと、加害者が訴追されていないこと、被害者に提供された賠償が公的基金ではなく民間の募金によって賄われており、かつ、その額が十分でないこと、「慰安婦」問題について言及した歴史教科書がほとんどないこと、一部の政治家やマスメディアが被害者の尊厳を損ない、あるいは、当該事実を否定し続けていることに、懸念を持って留意する（規約7条及び8条）。

締約国は、その法的責任を受け入れ、被害者の大多数に受け入れられるようなやり方で「慰安婦」制度について留保なく謝罪し、被害者の尊厳を回復し、生存中の加害者を訴追し、すべての生存被害者に対し権利の問題として十分な賠償を行うための速やかで実効的な立法的・行政的措置をとり、この問題について学生及び一般大衆を教育し、被害者の尊厳を損なったりこの事実を否定したりするいかなる企てに対しても反駁し制裁を与えるべきである。

23．委員会は、締約国へ及び締約国を経由して人身取引される者の（推定）人数について統計的なデータがないこと、人身

取引関連犯罪の加害者に対する懲役刑の数が少ないこと、公的または民間のシェルターで保護される人身取引被害者の数が減少していること、通訳サービス、医療、カウンセリング、未払賃金や損害賠償を請求するための法的支援やリハビリのための長期的な支援を含む被害者への包括的な支援が欠けていること、さらに、在留特別許可が加害者を有罪とするために必要な期間しか与えられず、かつ、すべての被害者には付与されないことに懸念を有する（規約8条）。

締約国は、人身取引被害者を見つけ出すための努力を強化し、締約国の領域内へのまたは領域を経由しての人身取引のデータを体系的に収集することを確保し、人身取引関連犯罪の加害者に対する量刑政策を見直し、被害者に保護を提供する民間シェルターを支援し、通訳、医療、カウンセリング、未払い賃金や損害賠償を請求するための法的支援、リハビリの長期的支援、すべての人身取引被害者の法的地位の安定化を確保することによって被害者支援を強化すべきである。

24. 委員会は、「研修制度」「技能実習制度」のもと締約国に来る外国人が締約国内の労働法による保護や社会保障から排除されていること、彼らがしばしば有給休暇も与えられずに単純労働で搾取され、法律上の最低賃金を下回る研修手当の支払を受け、時間外賃金の支払いもなく時間外労働に従事することを強制され、しばしば使用者に旅券を取り上げられているとの報告に、懸念を有する（規約8条、26条）。

締約国は、法律上の最低賃金や社会保障を含む最低限度の労働基準について、外国人研修生・技能実習生に対する国内法上の保護を拡大し、かかる研修生や実習生を搾取する使用者に適当な制裁を課し、研修生・実習生の権利を適切に保護し、低賃金労働力確保よりも能力向上に焦点をあてる新しい制度に現行制度を改めることを検討すべきである。

25. 委員会は、2006年改正出入国管理及び難民認定法が拷問の危険がある国への難民申請者の送還を明文で禁止していないこと、申請の数との関連で難民認定の割合が低いままであること、難民申請者がその間就労を禁じられ、かつ、限られた社会扶助しか受けられない難民申請の手続にしばしばかなりの遅延があることに、懸念を持って留意する。委員会はまた、再審査に際し法務大臣に助言する難民審査参与員が独立した機関により選任されず、また拘束力のある決定を下す権限はないことから、難民不認定に対する法務大臣への異議申立ての機会が、独立した機関による再審査の性質を有しないことに、懸念を有する。最後に委員会は、難民不認定となった者が退去強制命令の執行停止申立てに対する不利な決定に対して異議を申立てうる前に強制送還されたという報告事例に、懸念を有する（規約7条、13条）。

締約国は、拷問その他の虐待の危険がある国への難民申請者の送還を明文で禁止することを視野に入れた出入国及び難民認定法の改正を検討し、全ての難民申請者に対し、弁護士、法律扶助、通訳のほか、手続の全期間にわたる適当な国庫による社会保障あるいは雇用へのアクセスを確保すべきである。締約国はまた、法務大臣によって「テロリスト容疑者」とみなされた難民申請者も利用しうる完全に独立した不服申立審査機構を設置すべ

きであり、行政手続の終了後難民申請者がその難民不認定の決定に対する裁判を提起しうる前に直ちに強制送還されないことを確保すべきである。

26．委員会は、表現の自由と政治に参与する権利に対して加えられた、公職選挙法による戸別訪問の禁止や選挙活動期間前に配布することのできる印刷物の数と形式に対する制限などの不合理な制限に、懸念を有する。委員会はまた、政府に対する批判の内容を含むビラを郵便受けに配布する行為に対して、住居侵入罪もしくは国家公務員法に基づいて、政治活動家や公務員が逮捕され、起訴されたという報告に、懸念を有する（規約19条、25条）。

締約国は、規約第19条及び25条のもとで保障されている政治活動やその他の活動を警察、検察及び裁判所が過度に制限することを防止するため、その法律から、表現の自由及び政治に参与する権利に対するあらゆる不合理な制限を撤廃すべきである。

27．委員会は、性的同意年齢が、男児及び女児ともに13歳と低い年齢に設定されていることに、懸念を有する。

締約国は、子どもの正常な発達を保護し児童虐待を防止するため、男児及び女児の性的同意年齢を現在の13歳から引き上げるべきである。

28．委員会は、婚外子が国籍取得、相続権及び出生届の点で差別されていることにつき、繰り返し懸念を表明する（規約2条(1)、24条及び26条）。

締約国は、国籍法3条、民法900条4項及び出生届においてその子が「嫡出子」であるか否かを記載しなければならない旨規定する戸籍法49条2項1号（※訳注：原文では49条1項1号とあるが、2項の誤りであると思われる。）も含めて、婚外子を差別するすべての条項を、法律から削除すべきである。

29．委員会は、婚姻したあるいは婚姻していない異性のカップルに対してのみ適用され、もって婚姻していない同性のカップルが公営住宅を賃借することを事実上妨げている公営住宅法23条1項や、配偶者からの暴力の防止及び被害者の保護に関する法律による保護から同性のカップルの一方が排除されていることに例証されているように、レズビアン、ゲイ、バイセクシュアル及び性同一性障がいの人々に対して、雇用、居住、社会保険、健康保険、教育及び法によって規制されたその他の領域における差別があることに、懸念を有する（規約2条(1)及び26条）。

締約国は、差別禁止の根拠に性的指向を含めるよう法律を改正することを検討し、委員会の規約第26条についての解釈1)に沿って、婚姻していない同居している異性のカップルに付与されている便益が、婚姻していない同居している同性のカップルに対しても同等に付与されることを確保すべきである。

30．委員会は、1982年国民年金法からの国籍条項削除が不遡及であることが、20歳から60歳の間に最低25年間年金保険料を払わなければならないという要件と相まって、多数の外国人、主に1952年に日本国籍を喪失した韓国・朝鮮人をし

---

1) *Young v. Australia*, Communication No. 901/1999 and X v. Colombia, Communication No. 1361/2005参照。

て、国民年金制度の下での年金受給資格から事実上排除する結果となっていることに、懸念を持って留意する。委員会はまた、国民年金法から国籍条項が撤廃された時点で20歳を超える外国人は障害年金給付が受けられないという規定により、1962年前に生まれた障がいを持つ外国人にも同じことがあてはまることに、懸念を持って留意する(規約2条1項、26条)。

締約国は、外国人を国民年金制度から差別的に排除しないことを確保するため、国民年金法の年齢制限規定によって影響を受けた外国人のため経過措置を講ずべきである。

31. 委員会は、朝鮮学校に対する国庫補助金が通常の学校に対する補助金より極めて低額であり、日本の私立学校やインターナショナルスクールへの寄付と違い税金の免除や減額が認められない私人による寄付に朝鮮学校をして過度に依存させていること及び朝鮮学校の卒業生が自動的に大学受験資格を取得しないことに、懸念を有する。

締約国は、国庫補助金の増額並びに他の私立学校への寄付と同様の財政上の優遇措置を朝鮮学校への寄付に適用することによって朝鮮学校に対する適切な財政的支援を確保すべきであり、また朝鮮学校卒業生に大学受験資格を認めるべきである。

32. 委員会は、アイヌ民族及び琉球民族を特別な権利や保護を受ける資格がある先住民として締約国が公式に認めないことに、懸念を持って留意する(規約27条)。

締約国は、アイヌ民族と琉球民族を国内法で先住民と明確に認め、彼らの継承文化や伝統的生活様式を保護、保存及び促進する特別な措置を講じ、彼らの土地についての権利を認めるべきである。締約国はまた、アイヌ民族や琉球民族の子ども達に彼らの言語によってあるいは彼らの言語について、また彼らの文化について教育を受ける適切な機会を提供し、正規の教育課程にアイヌ民族と琉球民族の文化と歴史の教育を組み込むべきである。

33. 委員会は、日本の第6回定期報告書の提出日を、2011年10月29日と定める。締約国の第5回定期報告書及び本総括所見が、日本語、そして可能な範囲において、国内少数言語で、一般市民に対し、また、司法、立法、行政当局に対しても公表され、かつ、広く普及されるよう、要請する。委員会はまた、第6回定期報告書が、市民社会及び締約国内で活動するNGOに入手可能とされることを要請する。

34. 委員会手続規則71パラグラフ5に従い、締約国は、委員会による上記パラグラフ17、18、19及び21の各勧告について、1年以内にフォローアップ情報を提供しなくてはならない。委員会は、締約国が次回定期報告書に、残された勧告および条約全体の履行状況に関する情報を記載するよう、要請する。

(訳:日本弁護士連合会)

資料2

子どもの権利委員会
一般的意見10(2007)
少年司法における子どもの権利

2007年1月15日～2月2日第44会期採択
CRC/C/GC/10

I. はじめに

1. 締約国は、子どもの権利に関する委員会(以下「委員会」)に提出する報告において、刑法に違反したとして申し立てられ、罪を問われ、または認定された子ども(「法律に抵触した子ども」とも称される)の権利についてかなり詳細な注意を払うことが多い。委員会の定期報告書ガイドラインに従い、子どもの権利に関する条約(以下「条約」)第37条および第40条の実施状況が、締約国によって提供される情報の主たる焦点である。委員会は、条約に従って少年司法の運営を確立しようとする多くの努力に、評価の意とともに留意する。しかしながら、たとえば手続的権利、法に抵触した子どもを司法手続によらずに取り扱うための措置の開発および実施、ならびに、最後の手段に限られた自由の剥奪の利用等の分野において、多くの締約国が、条約の全面的遵守の達成には今なおほど遠い状況にあることもまた明らかである。

2. 委員会は同様に、子どもが法律に抵触することを防止するために締約国がとった措置に関する情報が欠けていることを懸念する。これは、少年司法分野で包括的政策が存在しないことによるのかもしれない。このことが、法律に抵触した子どもの取扱いについて多くの締約国が(きわめて)限られた統計的データしか提供しないことの理由である可能性もある。

3. 少年司法分野における締約国の履行状況を検討してきた経験こそ、委員会がこのような一般的意見を作成した理由である。委員会は、この一般的意見によって、締約国に対し、条約に従って少年司法の運営を確立するための努力に関わるより詳細な指針および勧告を提示したいと考える。このような少年司法においては、とくにダイバージョンおよび修復的司法のような代替的措置の活用が促進されるべきであり、締約国はこれによって、法律に抵触した子どもに、これらの子どもの最善の利益のみならず社会全体の短期的・長期的利益にもかなう、いっそう効果的な方法で対応できるようになろう。

II. この一般的意見の目的

4. 委員会は最初に、条約では締約国に対して包括的な少年司法政策の策定および実施が求められていることを強調しておきたい。このような包括的アプローチは、条約第37条および第40条に掲げられた

具体的規定の実施に限定されるのではなく、条約第2条、第3条、第6条および第12条に掲げられた一般原則ならびに条約の他のあらゆる関連条項（第4条および第39条等）も考慮に入れたものであるべきである。したがって、この一般的意見の目的は次のとおりとなる。

・条約に基づいて、かつ条約に従って少年非行を防止しかつこれに対応するための包括的な少年司法政策を策定および実施するとともに、これに関わって、国連経済社会理事会決議1997/30で設置され、国連人権高等弁務官事務所（OHCHR）、国連児童基金（UNICEF）、国連薬物犯罪事務所（UNODC）および非政府組織（NGO）の代表が参加する「少年司法に関する機関横断パネル」の助言および支援を得るよう、締約国に対して奨励すること。

・少年非行の防止、司法手続によることなく少年非行に対応することを可能にする代替的措置の導入、ならびに、条約第37条および第40条の他のあらゆる規定の解釈および実施にとくに注意を払いながら、このような包括的な少年司法政策の内容について締約国に指針および勧告を提示すること。

・他の国際基準、とくに少年司法の運営に関する国連最低基準規則（北京規則）、自由を奪われた少年の保護に関する国連指針（ハバナ規則）および少年非行の防止のための国連指針（リャド・ガイドライン）が、国レベルの包括的な少年司法政策に統合されることを促進すること。

III. 少年司法——包括的政策の主導的原則

5. 条約の諸要件についてより詳しく展開する前に、委員会は、少年司法に関する包括的政策の主導的原則をまず挙げておきたいと考える。少年司法の運営にあたって、締約国は、条約第2条、第3条、第6条および第12条に掲げられた一般原則、ならびに、条約第37条および第40条に掲げられた少年司法の基本的原則を体系的に適用しなければならない。

差別の禁止（第2条）

6. 締約国は、法律に抵触したすべての子どもが平等に取り扱われることを確保するために、あらゆる必要な措置をとらなければならない。事実上の差別および格差に対し、特段の注意を払わなければならない。このような差別および格差は、一貫した政策が存在しないことを理由として、ストリートチルドレン、人種的、民族的、宗教的または言語的マイノリティに属する子ども、先住民族の子ども、女児、障害のある子どもおよび繰り返し法律に抵触する子ども（累犯者）のような、被害を受けやすい立場に置かれた集団の子どもに関わって生じる可能性がある。これとの関連で、少年司法の運営に携わるあらゆる専門家の訓練（後掲パラ97参照）が、罪を犯した子どもの平等な取扱いを増進しかつ是正措置、救済および補償を提供する規則、規定または手順書の確立とともに、重要である。

7. 法律に抵触した子どもの多くは、たとえば教育または労働市場へのアクセスを試みたときに、差別の被害者ともなる。とくに、かつて罪を犯した子どもが社会に再統合しようと努力する際に適切な支援および援助を提供することによって、このような差別を防止し、かつ、社会において建設的な役割を担うこれらの子どもの権利

（条約第40条１項）を強調する公的キャンペーンを行うための措置をとることが必要である。

8．刑法に、浮浪、怠学、家出など、心理的または社会経済的問題の結果であることが多い子どもの行動上の問題を犯罪化する条項が掲げられていることは、きわめてよく見られる。とりわけ、女児およびストリートチルドレンがこのような犯罪化の被害者であることが多いのは懸念の対象である。地位犯罪としても知られるこれらの行為は、成人が行った場合には犯罪とみなされない。委員会は、締約国に対し、子どもと成人について法の下における平等な取扱いを確立する目的で、地位犯罪に関する規定を廃止するよう勧告する。これとの関連で、委員会はまた、リャド・ガイドライン第56条も参照するよう求めるものである。そこでは次のように定められている。「青少年がさらなるスティグマ（烙印）、被害および犯罪者扱いの対象となることを防止する目的で、成人が行った場合には犯罪とみなされないまたは処罰されないいずれかの行為が、青少年が行った場合にも犯罪とみなされないまたは処罰されないことを確保するため、法律が制定されるべきである」。

9．加えて、浮浪、路上徘徊または家出のような行動への対応は、親および（または）その他の養育者への効果的支援を含む子ども保護措置、および、このような行動の根本的原因に対応する措置の実施を通じて、行われるべきである。

子どもの最善の利益（第３条）
10．少年司法の運営との関わりで行われるすべての決定において、子どもの最善の利益が第一義的に考慮されなければならない。子どもは、その身体的および心理的発達ならびに情緒的および教育的ニーズの面で、成人とは異なる。このような違いが根拠となって、法律に抵触した子どもの有責性は軽減されるのである。これらのものをはじめとする違いこそが独立の少年司法制度を設けなければならない理由であり、そこでは子どもの異なる取扱いが要求される。子どもの最善の利益を保護するとは、たとえば、罪を犯した子どもに対応する際には刑事司法の伝統的目的（禁圧／応報）に代えて立ち直りおよび修復的司法という目的が追求されなければならないということである。このような対応は、実効的な公共の安全にも注意しながら進めることができる。

生命、生存および発達に対する権利（第６条）
11．すべての子どもが有しているこの固有の権利は、締約国が少年非行の防止のための効果的な国の政策およびプログラムを策定するにあたり、指針および示唆の源とされるべきである。非行が子どもの発達にきわめて否定的な影響を及ぼすことは、いうまでもないからである。さらに、この基本的権利は、子どもの発達を支援するような方法で少年非行に対応するための政策につながらなければならない。死刑および仮釈放の可能性のない終身刑は、条約第37条(a)で明示的に禁じられている（後掲パラ75〜77参照）。自由の剥奪の利用は、調和のとれた子どもの発達にとってきわめて重大な帰結をもたらすとともに、社会への子どもの再統合を深刻に阻害する。これとの関連で、条約第37条(b)は、発達に対する子どもの権利が全面的に尊重および確保されるよう、逮捕、拘禁または収監を

含む自由の剥奪は最後の手段として、かつ最も短い適当な期間でのみ用いられるべきことを、明示的に規定しているところである（後掲パラ78〜88参照）1)。

意見を聴かれる権利（第12条）
12．子どもに関わるあらゆることがらについて自由に自己の見解を表明する子どもの権利は、少年司法手続のすべての段階を通じて全面的に尊重および実施されるべきである（後掲パラ43〜45参照）。委員会は、少年司法制度に関わった子どもたちの声がますます、改善および改革のための、かつ権利の充足のための、強力な原動力になりつつあることに留意する。

尊厳（第40条1項）
13．条約は、法律に抵触した子どもに与えられるべき取扱いについての一連の基本的原則を定めている。
・尊厳および価値についての子どもの意識に合致した取扱い。この原則は、すべての人間は生まれながらにして自由であり、かつ尊厳と権利について平等であると定める世界人権宣言第1条に掲げられた基本的人権を反映するものである。尊厳および価値に対する固有の権利は、条約前文でも明示的に言及されているものであり、法執行機関との最初の接触から子どもに対応するあらゆる措置の実施に至るまでの、子どもに対応する手続全体を通じて尊重および保護されなければならない。
・子どもによる、他の者の人権および基本的自由の尊重を強化する取扱い。この原則は、前文において、子どもは国際連合憲章に宣明された理想の精神の下で育てられるべきであるとされていることと合致するものである。この原則はまた、少年司法制度において、子どもの取扱いおよび教育が人権および自由の尊重を発展させることを目的として行われなければならないということも意味する（条約第29条1項(b)および教育の目的に関する一般的意見1参照）。このような少年司法の原則により、条約第40条2項で認められている公正な裁判のための保障が全面的に尊重されかつ実施されなければならないことは、明らかである（後掲パラ40〜67参照）。警察官、検察官、裁判官および保護観察官など、少年司法における重要な主体がこれらの保障を全面的に尊重および保護しようとしなければ、このような貧弱な範しか示されなかった子どもが他の者の人権および基本的自由を尊重するようになることなど、どのようにして期待できるだろうか。
・子どもの年齢を考慮に入れた、かつ、子どもが社会復帰しかつ社会において建設的な役割を果たすことを促進する取扱い。この原則は、法執行機関との最初の接触から子どもに対応するあらゆる措置の実施に至るまでの、子どもに対応する手続全体を通じて適用、遵守および尊重されなければならない。この原則により、少年司法の運営に携わるあらゆる専門家は、子どもの発達、子どもの力強くかつ継続的な成長、子どもの福祉にとって適切な対応、および、子どもを対象として蔓延している諸形態の暴力について、知悉している

---

1) 自由を奪われた子どもに対して条約で認められている諸権利は、法律に抵触した子どもに対しても、ケア、保護もしくは治療（精神保健的治療、教育的治療および薬物治療を含む）のための施設、児童保護施設または出入国管理施設に措置された子どもに対しても適用されることに注意。

ことが求められる。

・子どもの尊厳が尊重されるようにするためには、法律に抵触した子どもの取扱いにおけるあらゆる形態の暴力が禁止および防止されなければならない。委員会が受け取ってきた報告によれば、暴力は、警察との最初の接触から、審判前の勾留の最中、および、自由剥奪刑を言い渡された子どものための処遇施設その他の施設での滞在中に至るまでの、少年司法手続のあらゆる段階で発生している。委員会は、締約国に対し、このような暴力を防止し、かつ加害者が裁判にかけられることを確保するために効果的な措置をとるとともに、2006年10月に国連総会に提出された「子どもに対する暴力に関する国連研究」報告書で行われている勧告を効果的にフォローアップするよう、促すものである。

14. 委員会は、公共の安全の保全が司法制度の正当な目的のひとつであることを認知する。しかし委員会は、この目的の達成に最も役立つのは、条約に掲げられた少年司法の主導的かつ総括的な原則を全面的に尊重および実施することであるという見解をとるものである。

IV. 少年司法──包括的政策の中核的要素

15. 少年司法に関する包括的政策においては、次の中核要素が取り上げられなければならない。すなわち、少年非行の防止、司法手続によらない介入および司法手続の文脈における介入、刑事責任に関する最低年齢および少年司法の適用年齢の上限、公正な審判のための保障、ならびに、自由の剥奪（審判前の勾留および審判後の収容を含む）である。

A. 少年非行の防止

16. 条約の実施における最も重要な目標のひとつは、子どもの人格、才能ならびに精神的および身体的能力の完全かつ調和のとれた発達を促進することである（前文ならびに第6条・第29条）。子どもは、自由な社会において個人として責任のある生活を送るための準備ができるようにされるべきであり（前文・第29条）、そのような社会において、人権および基本的自由に関わって建設的な役割を担うことができなければならない（第29条・第40条）。これとの関連で、親には、条約において認められる権利を子どもが行使するにあたって、子どもの発達しつつある能力と一致する方法で適当な指示および指導を行う責任がある。これらのものをはじめとする条約の規定に照らせば、犯罪活動に従事するようになるおそれを高めさせ、またはそのような重大なおそれを引き起こす可能性のある環境の下で子どもが成長することが、子どもの最善の利益にそぐわないことは明らかである。十分な生活水準（第27条）、到達可能な最高水準の健康および保健ケアへのアクセス（第24条）、教育（第28条・第29条）、あらゆる形態の身体的もしくは精神的暴力、傷害または虐待（第19条）および経済的または性的搾取（第32条・第31条）からの保護、ならびに、子どものケアまたは保護のためのその他の適切なサービスに対する諸権利を全面的かつ平等に実施するために、種々の措置がとられなければならない。

17. 上述のように、少年非行の防止を目的とした一連の措置を欠いた少年司法政策には重大な欠陥がある。締約国は、少

年司法に関する自国の包括的な国家政策の中に、1990年12月14日に国連総会（決議45/112）で採択された少年非行の防止に関する国連指針（リャド・ガイドライン）を全面的に統合するべきである。

18. 委員会はリャド・ガイドラインを全面的に支持するとともに、とくに家族、コミュニティ、仲間集団、学校、職業訓練および仕事の世界ならびにボランティア組織を通じて、あらゆる子どもが社会化と統合を果たすことを促進するような防止政策が重視されるべきであるという点について同意するものである。このことはとりわけ、防止政策においては、とくに脆弱な立場に置かれた家族を支援すること、基本的価値観に関する教育（法律に基づく子どもと親の権利および責任についての情報を含む）に学校が関与すること、および、危険な状態に置かれている若者に特別なケアおよび注意を向けることに焦点が当てられなければならないということを意味する。これとの関連で、学校から脱落した子どもまたはその他のかたちで教育を修了していない子どもにも、特段の注意が向けられるべきである。仲間集団による支援の活用および親の強力な関与が推奨される。締約国はまた、子ども（とくに繰り返して法律に抵触する子ども）の特別なニーズ、問題、関心事および利益に対応し、かつその家族に適切なカウンセリングおよび指導を提供するような、コミュニティを基盤とするサービスおよびプログラムも発展させるべきである。

19. 条約第18条および第27条は子どもの養育に対する親の責任の重要性を確認しているが、条約は同時に、締約国に対し、親（または他の養育者）が親としての責任を果たすにあたって必要な援助を与えることも求めている。援助のための措置は、否定的な状況が生ずることの防止のみならず、親の社会的可能性の促進にもよりいっそうの焦点を当てるようなものであるべきである。親の訓練、親子の相互交流増進プログラムおよび家庭訪問プログラムのような、家庭および家族を基盤とする防止プログラムについては豊富な情報が存在しており、またこれらのプログラムは子どもがごく幼い段階から開始することができる。これに加えて、乳幼児期教育が将来の暴力および犯罪の発生率の低下と相関関係にあることもわかっている。コミュニティ・レベルでは、リスクに焦点を当てた防止戦略である「配慮に満ちたコミュニティ」（CTC）のようなプログラムによって成果が得られてきた。

20. 締約国は、防止プログラムの開発および実施に、条約第12条に従って子どもが、また親、コミュニティの指導者その他の重要な主体（たとえばNGO、保護観察機関およびソーシャルワーク機関の代表）が参加することを全面的に促進および支援するべきである。このような参加の質こそが、これらのプログラムの成功の鍵となる。

21. 委員会は、締約国が、効果的な防止プログラムを開発する取組みを進めるにあたって「少年司法に関する機関横断パネル」の支援および助言を求めるよう勧告する。

B. 介入／ダイバージョン（後掲Eも参照）

22. 刑法に違反したとして申し立てられ、罪を問われ、または認定された子どもに対応するにあたって、国の機関は2種類の介入策を用いることができる。司法手続によらない措置と、司法手続の文脈にお

135

ける措置である。委員会は、締約国に対し、これらの措置において子どもの人権および法的保障が全面的に尊重および保護されることを確保するために最大限の配慮がなされなければならないことを、想起するよう求める。

23．法律に抵触した子ども（累犯者である子どもを含む）は、子どもが社会に再統合し、かつ社会において建設的な役割を担うことを促進するような方法で取り扱われる権利を有する（条約第40条１項）。子どもの逮捕、拘禁または収監は、最後の手段としてでなければ用いてはならない（第37条(b)）。したがって、子どもがその福祉にとって適切で、かつその状況および行われた犯罪のいずれにも見合う方法で取り扱われることを確保するための広範な効果的措置を――少年司法に関する包括的政策の一環として――発展させ、かつ実施することが必要となる。これらの措置には、ケア、指導および監督の命令、カウンセリング、保護観察、里親養護、教育および職業訓練のプログラムならびに施設内処遇に代わる他の代替的措置などの、多様な処分が含まれるべきである（第40条４項）。

司法手続によらない介入

24．条約第40条３項によれば、締約国は、適当かつ望ましいときは常に、刑法に違反したとして申し立てられ、罪を問われ、または認定された子どもを司法手続によらずに取り扱うための措置を促進するよう努めなければならない。罪を犯した子どもの大半は軽微な犯罪を行ったにすぎないことを踏まえれば、刑事／少年司法手続による処理からの除外およびこれに代わる（社会）サービスへの付託（すなわちダイバージョン）を伴う一連の措置が、ほとんどの事件において利用可能な、かつ利用されるべき実務として定着することが求められる。

25．委員会の見解では、法律に抵触した子どもを司法手続によらずに取り扱うための措置を促進する締約国の義務は、万引きまたは被害が限定されたその他の財産犯罪のような軽微な犯罪を行った子ども、および初犯の子どもに対して適用される（ただし、もちろんこれに限られるものではない）。多くの締約国の統計が示すところによれば、子どもが行う犯罪のかなりの部分（しばしば大半）はこれらの範疇に属するものである。このようなあらゆる事件を裁判所における刑事司法手続によらずに取り扱うことは、条約第40条１項に掲げられた諸原則に一致している。このようなアプローチは、スティグマの付与の回避につながるのに加えて、子どもにとっても公共の安全の利益にとっても望ましい結果をもたらすとともに、費用対効果もいっそう高いことが証明されてきた。

26．締約国は、法律に抵触した子どもを司法手続によらずに取り扱うための措置を自国の少年司法制度の不可欠な要素として位置づけるとともに、当該措置において子どもの人権および法的保障が全面的に尊重および保護されることを確保するべきである（第40条３項(b)）。

27．法律に抵触した子どもを司法手続によらずに取り扱うための措置の正確な性質および内容について決定し、かつその実施のために必要な立法上その他の措置をとることは、締約国の裁量に委ねられている。とはいえ、一部締約国の報告書で提供された情報に基づき、コミュニティを基盤とする多様なプログラムが開発され

てきたことは明らかである。これには、社会奉仕、たとえばソーシャルワーカーまたは保護観察官による監督および指導、ファミリー・コンファランス〔家族集団会議〕ならびにその他の形態の修復的司法措置（被害者に対する原状回復および賠償を含む）などがある。他の締約国はこれらの経験を活用するべきである。人権および法的保障の全面的尊重に関しては、委員会は条約第40条の関連規定を参照するよう求めるとともに、次の点を強調するものである。

・ダイバージョン（すなわち、刑法に違反したとして申し立てられ、罪を問われ、または認定された子どもを司法手続によらずに取り扱うための措置）は、申し立てられた犯罪を子どもが行ったこと、子どもが自由にかつ自発的に責任を認めており、かつ当該責任を認めさせるためにいかなる脅迫または圧力も用いられなかったこと、ならびに、最後に、子どもが当該責任を認めたことがその後のいかなる法的手続においても子どもの不利になるようなかたちで用いられないことについて確証がある場合にのみ、活用されるべきである。

・子どもは、ダイバージョンについて、自由かつ自発的な同意を書面で与えなければならない。このような同意は、措置の性質、内容および期間、ならびに、措置に協力せず、これを実行せずおよび修了しなかった場合の対応に関する、十分かつ具体的な情報に基づいて与えられるべきである。締約国は、親の関与を強化する目的で、とくに子どもが16歳未満である場合には、親の同意も要件とすることを考慮してもよい。

・法律には、どのような場合にダイバージョンが可能かを明らかにする具体的規定が置かれていなければならず、またこの点に関わる決定を行う警察、検察官および（または）その他の機関の権限は、とくに子どもを差別から保護する目的で、規制および審査の対象とされるべきである。

・子どもに対しては、権限ある機関から提示されたダイバージョンの適切さおよび望ましさならびに当該措置の再審査の可能性について、弁護士その他の適切な援助を行う者と協議する機会が与えられなければならない。

・子どもがダイバージョンを完了したことをもって、事件の確定的および最終的終結とされるべきである。ダイバージョンについての秘密記録を行政上および再審査上の目的で保管することはできるが、当該記録は「犯罪記録」と捉えられるべきではなく、また過去にダイバージョンの対象とされた子どもが前科を有するものとみなされてはならない。ダイバージョンについていずれかの登録が行われるときは、当該情報へのアクセス権は、法律に抵触した子どもに対応する権限を認められた機関に対して専権的に、かつ期間を限定して（たとえば最大１年）認められるべきである。

司法手続の文脈における介入

28．権限ある機関（通常は検察官事務所）によって司法手続が開始されるときは、公正な審判の原則が適用されなければならない（後掲D参照）。同時に、少年司法制度においては、社会的および（または）教育的措置を活用することによって法律に抵触した子どもに対応し、かつ、最後の手段としての自由の剥奪（およびとくに審判前の勾留）の使用を厳格に制限するための豊富な機会が用意されるべきであ

る。手続の処分段階においては、自由の剥奪は最後の手段として、かつ最も短い適当な期間でのみ用いられなければならない（第37条(b)）。すなわち締約国は、指導および監督の命令、保護観察、社会内モニタリングまたはデイ・レポート・センター［通所型保護観察施設］、ならびに自由の剥奪からの早期釈放の可能性のような措置を最大限にかつ効果的に活用できるように、十分な訓練を受けた職員による保護観察機関を整備することが求められる。

29．委員会は、条約第40条１項に従って、再統合のためには、スティグマの付与、社会的孤立または子どもに関する否定的な情報公開といった、コミュニティへの子どもの全面的参加を阻害しうるいかなる行動もとられてはならないことを想起するよう、締約国に求める。法律に抵触した子どもが再統合を促進するような方法で取り扱われるようにするために、子どもが社会の完全かつ建設的な構成員になることが、あらゆる行動によって支援されるべきである。

C．年齢と、法に抵触した子ども
刑事責任に関する最低年齢
30．締約国によって提出された報告書が示すところによれば、刑事責任に関する最低年齢については広範な幅が存在する。７〜８歳という非常に低い水準から、14〜16歳という、賞賛に値する高い水準までさまざまである。刑事責任に関して２つの最低年齢を用いている国もかなり多い。法律に抵触した子どものうち、犯罪遂行時に低いほうの最低年齢には達しているものの高いほうの最低年齢に達していない者は、この点に関して必要な成熟度を有している場合にのみ、刑事責任を有すると推定されるのである。このような成熟度の評価は、しばしば心理学の専門家の関与を要件としないまま、裁判所／裁判官に委ねられており、そのため重大な犯罪の場合には低いほうの最低年齢を用いるという実務が行われている。２つの最低年齢を用いる制度はしばしば混乱を招くのみならず、裁判所／裁判官の裁量に多くが委ねられ、結果として差別的実務が行われる可能性が生ずる。刑事責任に関する最低年齢についてこのような広い幅があることに照らし、委員会は、刑事責任に関する最低年齢について明確な指針と勧告を締約国に示す必要があると感ずるものである。

31．条約第40条３項は、締約国に対し、とくに、刑法に違反する能力を有しないと推定される最低年齢の確立の促進に努めるよう求めているが、この点に関わる具体的な最低年齢は挙げていない。委員会は、この規定を、締約国が刑事責任に関する最低年齢（MACR）を設ける義務として理解するものである。このような最低年齢とは、次のことを意味する。

・当該最低年齢に達しない年齢のときに罪を犯した子どもは、刑法上の手続において責任を問うことはできない。確かに（きわめて）若年の子どもでさえ刑法に違反する能力は有しているが、その子どもが罪を犯したときにMACRに達していなければ、刑法上の手続において正式に告発し、かつ責任を問うことはできないという反駁不能の推定が成立する。このような子どもについては、その最善の利益のために必要であれば、特別な保護措置をとることができる。

・犯罪遂行時に（すなわち刑法に違反し

たときに）MACRには達していたが18歳未満であった子ども（後掲パラ35〜38参照）は、正式に告発し、かつ刑法上の手続の対象とすることができる。ただしこれらの手続（終局的結果を含む）は、この一般的意見で詳しく述べられている条約の原則および規定を全面的に遵守するものでなければならない。

32．北京規則の規則4は、情緒的、精神的および知的成熟に関する事実を念頭に置き、MACRの始期はあまりにも低い年齢に定められてはならないと勧告している。この規則に従い、委員会は、締約国に対し、MACRをあまりにも低い水準に設定するべきではないこと、および、現行の低いMACRを国際的に受け入れられている水準まで引き上げることを勧告してきた。これらの勧告から、刑事責任に関する最低年齢が12歳に満たないときには、委員会はこれを国際的に受け入れられるものとはみなさないという結論を導き出すことができる。締約国は、これよりも低いMACRを12歳まで引き上げて絶対的最低年齢とし、かつ、これよりも高い年齢水準への引き上げを継続するよう奨励される。

33．委員会は同時に、締約国に対し、自国のMACRを12歳まで引き下げることがないよう促す。より高い、たとえば14歳または16歳というMACRは、条約第40条3項(b)に従い、法律に抵触した子どもを司法的手続によらずに取り扱う少年司法制度（ただし、子どもの人権および法的保障が全面的に尊重されることを条件とする）に貢献するものである。これとの関連で、締約国は、自国の法律で定められたMACRに満たない子どもが刑法に違反したとして認定され、またはそのように申し立てられもしくは罪を問われた場合にどのように取り扱われるか、および、そのような子どもの取扱いがMACR以上の子どもの取扱いと同じぐらい公正かつ正当であることを確保するためにどのような法的保障が設けられているかについて、自国の報告書において、具体的なかたちで詳しく委員会に情報を提供することが求められる。

34．委員会は、MACRに関する例外を認める慣行について懸念を表明したい。これは、子どもがたとえば重大な犯罪を行ったとして罪に問われている場合、または子どもが刑事責任を問うのに十分な成熟度を有しているとみなされる場合に、刑事責任に関するより低い最低年齢を用いてもよいとするものである。委員会は、締約国が、例外としてより低い年齢を用いることを認めないようなかたちでMACRを定めるよう強く勧告する。

35．年齢の証明がなく、かつ子どもがMACRに達していることが立証できないときは、その子どもは刑事責任を有しないものとされなければならない（後掲パラ39参照）。

少年司法に関する年齢の上限

36．委員会はまた、少年司法の諸規則の適用に関する年齢の上限に対しても締約国の注意を促したい。これらの特別規則は——特別な手続規則ならびにダイバージョンおよび特別措置に関する規則のいずれの面でも——、その国で定められたMACRに始まって、犯罪（または刑法で処罰対象とされている行為）を行ったとされた時点で18歳に達していなかったすべての子どもに適用されるべきである。

37．委員会は、締約国が、刑法に違反したとして申し立てられ、罪を問われ、また

は認定された場合に条約第40条の規定に従って取り扱われる、すべての子どもの権利を認めたことを想起するよう求めたい。このことは、罪を犯したとされる時点で18歳未満であったすべての者は、少年司法の諸規則に従って取り扱われなければならないことを意味する。

38. したがって委員会は、自国の少年司法の諸規則の適用を16歳(またはそれ以下の年齢)未満の子どもに限定している締約国、または16歳ないし17歳の子どもが例外的に成人犯罪者として扱われることを認めている締約国に対し、少年司法の諸規則が18歳未満のすべての者を対象として差別なく全面的に実施されるようにする目的で法律を改正するよう勧告する。委員会は、一部の締約国が、一般的規則としてまたは例外としてのいずれであるかにかかわらず、少年司法の諸規則を18歳以上の者に対して(通常は21歳まで)適用することを認めていることについて、評価の意とともに留意するものである。

39. 最後に、委員会は、とくにすべての子どもが出生後直ちに登録されることを求めた条約第7条の全面的実施のためには、いずれかの方法で年齢制限を定めることがきわめて重要であることを強調したい。これはあらゆる締約国にとって当てはまることである。生年月日を証明できない子どもは、家族、仕事、教育および労働に関して、とくに少年司法制度内で、あらゆる種類の虐待および不公正な取扱いをきわめて受けやすくなる。すべての子どもは、自分の年齢を証明するために必要なときは常に、出生証明書を無償で提供されなければならない。年齢の証明がない場合、子どもは、年齢を立証できる可能性のある、信頼できる医学的または社会的調査の対象とされる資格を有し、かつ、証拠に矛盾がある場合または決定的な証拠がない場合には、灰色の利益の原則の対象とされる権利を有する。

D. 公正な審判のための保障

40. 条約第40条2項には権利および保障の重要なリストが掲げられているが、これらはいずれも、刑法に違反したとして申し立てられ、または罪を問われたすべての子どもが公正な取扱いおよび審判を受けることを確保するためのものである。これらの保障のほとんどは、市民的および政治的権利に関する国際規約(自由権規約)第14条にも見出すことができる。同条については、自由権規約委員会が一般的意見13(1984年)(司法の運営)において詳しい見解と意見を明らかにしているところである(現在、同一般的意見の見直しが進められている)。しかし、子どもを対象としてこれらの保障を実施することには若干の特有の側面があることも確かであり、本節ではその点について述べる。その前に、委員会は、これらの権利または保障を適切かつ効果的に実施するための鍵となる条件は少年司法の運営に従事する者の質であることを強調したい。警察官、検察官、弁護士その他の子どもの代理人、裁判官、保護観察官、ソーシャルワーカー等の専門家の訓練はきわめて重要であり、体系的かつ継続的に行われるべきである。これらの専門家は、子どものおよびとくに思春期の青少年の身体的、心理的、精神的および社会的発達について、ならびに、最も被害を受けやすい立場に置かれた子ども(障害のある子ども、避難民の子ども、ストリートチルドレン、難民および庇護希望者である子どもならびに人種的、民族

的、宗教的、言語的その他のマイノリティに属する子ども等）の特別なニーズ（前掲パラ6～9参照）について、十分な情報を得ておくことが求められる。少年司法制度における女児の存在は、女児が少数しかいないために容易に見過ごされる可能性があるので、たとえば過去の虐待および特別な健康上のニーズとの関連で、女児の特別なニーズに特段の注意が払われなければならない。専門家および職員は、あらゆる状況において、子どもの尊厳および価値に一致し、他の者の人権および基本的自由に対する子どもによる尊重を強化し、かつ、子どもが社会に再統合しかつそこで建設的な役割を果たすことを促進するような方法で行動することが求められる（第40条1項）。第40条2項で認められている保障（以下で取り上げる）はいずれも最低基準である。すなわち締約国は、たとえば法的援助の分野および司法手続への子ども・親の参加の分野でより高い基準を設けかつ遵守することが可能であるし、そのように努めることが求められる。

遡及的少年司法の禁止（第40条2項(a)）
41．条約第40条2項(a)は、何人も、実行のときに国内法または国際法により犯罪を構成しなかった作為または不作為を理由として有罪とされることはないという規則が、子どもにも適用されることを確認している（自由権規約第15条も参照）。すなわち、いかなる子どもも、実行のときに国内法または国際法によって禁止されていなかった作為または不作為を理由として、刑法に基づいて告発されまたは刑を言い渡されることはない。近年、多くの締約国がテロリズムを防止しかつこれと闘うために刑事法の規定を強化しかつ（また

は）拡大したことに照らし、委員会は、締約国が、これらの変更によって子どもの遡及的処罰または意図せざる処罰が行われないことを確保するよう勧告する。委員会はまた、何人も、犯罪が行われたときに適用されていた刑罰よりも重い刑罰を科されないという、自由権規約第15条に定められた規則が、条約第41条に照らし、自由権規約の締約国の子どもに適用されることを締約国が想起するよう求めたい。いかなる子どもも、刑法に違反したときに適用されていた刑罰よりも重い刑罰によって処罰されてはならないのである。ただし、行為後の法改正でより軽い刑罰が定められた場合には、子どもは当該改正の利益を受けるべきである。

無罪の推定（第40条2項(b)(i)）
42．無罪の推定は、法律に抵触した子どもの人権の保護にとって基本的重要性を有する。その意味は、子どもに対してかけられた容疑の立証責任は検察側にあるということである。刑法に違反したとして申し立てられ、または罪を問われた子どもには灰色の利益が認められ、これらの容疑が合理的な疑いを超えて立証された場合にのみ当該容疑について有罪とされる。子どもはこのような推定に従って取り扱われる権利を有しており、審判の結果について予断を抱かないようにするのはあらゆる公的機関その他の関係者の義務である。締約国には、このような無罪の推定が実際に尊重されることを確保するため、子どもの発達についての情報を提供することが求められる。手続の無理解、未成熟、恐怖心その他の理由によって子どもは疑わしい行動を示す場合があるが、当局は、合理的な疑いを超えて有罪が証明される

ことなしに、子どもが有罪であると推定してはならない。

意見を聴かれる権利（第12条）
43．条約第12条2項は、子どもに対し、国内法の手続規則と一致する方法で、自己に影響を与えるいかなる司法的および行政的手続においても、直接にはまたは代理人もしくは適当な機関を通じて意見を聴かれる機会が与えられることを求めている。
44．刑法に違反したとして申し立てられ、罪を問われ、または認定された子どもにとって、意見を聴かれる権利が公正な審判のために基本的重要性を有することは明らかである。同様に、子どもには、それがその最善の利益に合致するのであれば、代理人または適切な機関を通じてのみならず直接に意見を聴かれる権利があることも、また明らかである。この権利は、手続のすべての段階において遵守されなければならない。それは審判前の段階から始まり、この段階において子どもは、黙秘権ならびに警察、検察官および予審判事から意見を聴かれる権利を有する。しかしこのことは、裁決の段階および科された措置の実施段階にも適用される。換言すれば、少年司法手続全体を通じて、子どもには自己の意見を自由に表明する機会が与えられなければならないし、その意見は子どもの年齢および成熟度に従って正当に重視されなければならないのである（条約第12条1項）。すなわち、子どもが手続に実効的に参加するためには、被疑事実のみならず（後掲パラ47〜48参照）、少年司法手続そのものおよび科される可能性がある措置についても情報が提供されなければならない。

45．子どもに対しては、科される可能性がある（代替的）措置についての意見を表明する機会が与えられるべきであり、この点について子どもが有している具体的な希望または選択は正当に重視されるべきである。子どもに刑事責任があると主張することは、その子どもには、刑法違反の訴えに対する最も適切な対応についての意思決定に実効的に参加する能力が認められるべきであることを、言外に意味している（後掲パラ46参照）。いうまでもなく、決定を行う責任を有するのは担当の裁判官である。しかし、子どもを受身の客体として扱うことは、子どもの権利を認めないことになるし、子どもの行動に対する効果的な対応に寄与することにもならない。このことは、科された措置の実施についても当てはまる。調査研究の示すところによれば、子どもがこのような実施に積極的に関与することは、ほとんどの場合、前向きな結果に寄与するのである。

手続に実効的に参加する権利（第40条2項(b)(iv)）
46．公正な審判のためには、刑法に違反したとして申し立てられ、または罪を問われている子どもが審判に実効的に参加できることが必要であり、したがって子どもは、法定代理人に指示を与える目的で被疑事実ならびに生じうる結果および処罰について理解し、証人に異議を申し立て、出来事について陳述し、かつ、証拠、証言および科されるべき措置について適切な決定を行わなければならない。北京規則第14条は、手続が、少年の参加と自由な自己表現を可能とするような、理解に満ちた雰囲気のなかで行われるべきであると定めている。子どもの年齢および成熟度

を考慮に入れるためには、審判廷における手続および慣行の修正も必要となる場合がある。

被疑事実に関する迅速かつ直接の情報（第40条2項(b)(ii)）

47．刑法に違反したとして申し立てられ、または罪を問われているすべての子どもは、自己に対する被疑事実を迅速かつ直接的に告知される権利を有する。迅速かつ直接的とは可能なかぎり早期にという意味であり、これは検察官または裁判官がその子どもに対して最初に手続上の措置をとった段階のことである。ただし、公的機関が司法手続によらずに子どもを取り扱う旨の決定をしたときにも、子どもに対し、このようなアプローチを正当化するだけの被疑事実について告知が行われなければならない。これは、法的保障が全面的に尊重されなければならないという、条約第40条3項(b)の要件の一部を構成している。子どもは、その理解する言語による告知を受けるべきである。このため、情報を外国語で提示することのほか、刑事上／少年手続上の告発においてしばしば用いられる正式な法的専門用語を子どもが理解できる言葉に「翻訳」することも必要となろう。

48．子どもに公式書類を提供するだけでは十分ではなく、口頭による説明が必要なこともしばしばあろう。公的機関は、これを親もしくは法定後見人または子どもの弁護人その他の援助者に委ねておくべきではない。子どもが自己に対する各被疑事実を理解するようにすることは、公的機関（たとえば警察、検察官、裁判官）の責任である。委員会は、親または法定後見人に対する情報提供をもって、このような情報を子どもに伝達することに代えるべきではないとの見解に立つ。子どもおよび親または法定後見人の双方が、それぞれが被疑事実および可能性のある結果を理解できるような方法で情報を受け取るのであれば、それが最も適切である。

弁護人その他の適切な者による援助（第40条2項(b)(ii)）

49．子どもは、自己の防御の準備および提出にあたって弁護人その他の適当な者による援助を保障されなければならない。条約は子どもに援助が提供されることを要求しており、この援助は必ずしもあらゆる状況において法的なものである必要はないが、適切なものであることは求められる。このような援助がどのように提供されるかを決定するのは締約国の裁量に委ねられているが、当該援助は無償であるべきである。委員会は、締約国が、専門の弁護士またはパラリーガル職のような十分な訓練を受けた者による法的援助を、可能なかぎり提供するよう勧告する。その他の適切な援助者も考えられるが（たとえばソーシャルワーカー）、そのような援助者は、少年司法手続の種々の法的側面に関する十分な知識および理解を有していなければならず、また法律に抵触した子どもを対象として活動する訓練を受けていなければならない。

50．自由権規約第14条3項(b)で求められているとおり、子どもおよびその援助者は、子どもの防御の準備のために十分な時間および便益を与えられなければならない。子どもとその援助者との交渉は、書面によるものか口頭によるものかを問わず、当該交渉の秘密が、条約第40条2項(b)(vii)に定められた保障およびプライバ

シー・通信への干渉から保護される子どもの権利（条約第16条）に従って、全面的に尊重される条件下で行われるべきである。この保障（条約第40条2項(b)(ii)）に関して留保を行っている締約国が多いが、これは、当該保障がもっぱら法的援助、すなわち弁護士による援助の提供を要求しているとの理解に立つものと思われる。そのようなことはなく、これらの留保は撤回が可能であって、かつ撤回されるべきものである。

遅滞のない、かつ親の関与を得ての決定（第40条2項(b)(iii)）

51．国際的に、法律に抵触した子どものためには、犯罪遂行時と当該行為への終局的対応との間の期間は可能なかぎり短いべきであるという合意が存在している。この期間が長いほど、当該対応が所期の積極的かつ教育的影響を失う可能性は高まり、かつ子どもが負うスティグマも強いものとなろう。これとの関連で、委員会は、条約第37条(d)も参照するよう求めるものである。この規定により、自由を奪われたすべての子どもは、その自由の剥奪の合法性を争う訴えについて迅速な決定を受ける権利を有する。「遅滞なく」（条約第40条2項(b)(iii)）という文言は自由権規約第14条3項(c)にいう「不当に遅延することなく」という文言よりも強いが、「迅速な」という文言はこれよりもさらに強い。自由の剥奪の重大性を踏まえれば、これは正当である。

52．委員会は、締約国が、犯罪の遂行から警察による捜査の完了、子どもを告発する旨の検察官（または他の権限ある機関）の決定ならびに裁判所その他の権限ある司法機関による終局処分および決定までの期間について期限を定め、かつこれを実施するよう勧告する。これらの期限は、成人について定められたものよりもはるかに短いものであるべきである。しかし同時に、遅滞なく行われる決定は、子どもの人権および法的保障が全面的に尊重される手続の結果であることが求められる。このような遅滞なき意思決定手続には、弁護人その他の適切な援助者が立ち会わなければならない。このような立会いは、裁判所その他の司法機関における審判に限定されるべきではなく、警察による子どもの事情聴取（尋問）に始まる手続の他のあらゆる段階にも適用される。

53．親または法定保護者も、子どもに対して一般的な心理的および情緒的援助を提供しうることから、手続に立ち会うべきである。親が立ち会うからといって、親が子どもの防御のために行動し、または意思決定手続に関与できるというわけではない。ただし、裁判官または権限ある公的機関は、子どもまたはその弁護人その他の適切な援助者の求めにより、または子どもの最善の利益（条約第3条）にかなわないという理由で、手続における親の立会いを制限し、制約しまたは排除する旨の決定をすることができる。

54．委員会は、締約国が、子どもに対する手続に親または法定後見人が最大限どこまで関与できるかについて、法律で明示的に定めるよう勧告する。このような関与は、一般的には、子どもの刑法違反に対する実効的対応に寄与するはずである。親の関与を促進するため、親は、その子どもの逮捕について可能なかぎり早期に告知されなければならない。

55．委員会は同時に、子どもが行った犯罪を理由とする親の処罰を導入する傾向

が一部の国で見られることを、遺憾とするものである。子どもの行為によって引き起こされた損害に対する民事上の責任は、一部の限られた事案、とくに子どもが若年（たとえば16歳未満）である場合には適切なものとなりえよう。しかし、法律に抵触した子どもの親を犯罪者として扱うことは、親が子どもの社会的再統合における積極的なパートナーとなることに寄与しない可能性がきわめて高い。

自己負罪の強制からの自由（第40条2項(b)(iii)［訳注：(iv)］）

56．条約は、自由権規約第14条3項(g)と調和するかたちで、子どもが証言することまたは罪を自白しもしくは認めることを強制されないよう求めている。このことは、第一に——そして自明の理として——、自認または自白を引き出すための拷問、残虐な、非人道的なまたは品位を傷つける取扱いは子どもの権利の重大な侵害であり（条約第37条(a)）、まったく受け入れられないことを意味するものである。このようないかなる自認または自白も、証拠として認めることはできない（拷問及び他の残虐な、非人道的な又は品位を傷つける取扱い又は刑罰に関する条約第15条）。

57．ほかにも、これほど暴力的ではないかたちで、子どもが自白または自己負罪的証言をするよう強制しまたは誘導する方法は数多く存在する。「強制され」という文言は広く解釈されるべきであり、有形力その他の明らかな人権侵害に限定されるべきではない。子どもの年齢、子どもの発達、尋問の期間、子どもによる理解の欠如、どうなるかわからないという恐怖または収監の可能性を示唆されることによる恐怖が、真実ではない自白への誘導につながる可能性もある。このような可能性は、「本当のことを言えばすぐに家に帰してやる」のように報酬が約束される場合、またはより軽い制裁もしくは釈放が約束される場合には、いっそう高まることになろう。

58．事情聴取を受ける子どもは、弁護人その他の適切な代理人にアクセスできなければならず、かつ、事情聴取中に親が立ち会うことを要請できなければならない。状況を総合的に判断すれば証言が任意のものであって威迫によって引き出されたものではなく、かつ信頼できるものであることを確保するため、尋問手法に関する独立の立場からの検証が行われなければならない。裁判所その他の司法機関は、子どもによる自認または自白の任意性および信頼性を検討するにあたり、その子どもの年齢、勾留および尋問の期間、ならびに、子どもの弁護人その他の助言者、親または独立の代理人の立会いの有無を考慮に入れなければならない。警察官その他の捜査機関は、強制されたまたは信頼性を欠く自白または証言をもたらすような尋問技術および実務を回避するための、十分な訓練を受けているべきである。

証人の出廷および尋問（第40条2項(b)(iv)）

59．条約第40条2項(b)(iv)に掲げられた保障は、武器の平等（すなわち、防御側と検察側とが平等なまたは衡平な条件下にあること）の原則が、少年司法の運営においても遵守されなければならないことを強調したものである。「尋問し、または尋問を受けさせる」という文言は、諸法体系において、とくに弾劾主義的裁判と職権主義的裁判との区別が存在することを指している。後者においては、被告人は証

人尋問を認められることが多いものの、被告人がこの権利を自ら行使することはめったになく、証人尋問は弁護人、または子どもの場合には他の適当な機関に委ねている。ただし、弁護人その他の代理人が、証人を尋問できることについて子どもに告知するとともに、子どもがこの点に関して意見を表明できるようにすることは依然として重要である。当該意見は、子どもの年齢および成熟度に応じて正当に重視することが求められる（第12条）。

上訴権（第40条2項(b)(v)）

60．子どもは、自己に対する被疑事実について有罪と認定された場合に、その決定に対し、かつこの有罪評決の結果として科される措置に対し、上訴する権利を有する。この上訴についての決定は、上級の、権限ある、独立のかつ公平な機関または司法機関、換言すれば第一審において事件を扱った機関と同一の基準および要件を満たす機関が行うことが求められる。この保障は自由権規約第14条5項のそれと同様のものである。このような上訴権は、最も重大な犯罪に限られるものではない。

61．これこそが、少なからぬ締約国がこの規定に関して留保を行い、このような子どもによる上訴権をより重大な犯罪および（または）収監刑に限定している理由だと思われる。委員会は、自由権規約の締約国に対し、同規約の第14条5項で同様の規定が置かれていることを想起するよう求めるものである。条約第41条に照らし、同条は、裁決を受けたすべての子どもに上訴権を認めるべきであるということを意味している。委員会は、締約国が、第40条2項(b)(v)の規定についての留保を撤回

するよう勧告するものである。

無料の通訳の援助（第40条2項(b)(vi)）

62．少年司法制度で用いられる言語を子どもが理解できないときは、子どもは無料で通訳の援助を受ける権利を有する。このような援助は法廷における審判に限定されるべきではなく、少年司法手続のあらゆる段階でも利用可能とされるべきである。また、通訳が子どもとともに活動する訓練を受けていることも重要となる。子どもの母語の使用および理解は、成人のそれとは異なっている可能性もあるからである。この点に関わる知識および（または）経験の欠如により、自らに対して行われた質問を子どもが全面的に理解することが妨げられ、かつ公正な裁判および実効的参加に対する権利が阻害される可能性もある。「子どもが使用される言語を理解することまたは話すことができない場合は」として、「場合は」という限定が行われているのは、たとえば外国系のまたは民族的出身を有する子どもが——その母語とは別に——公用語を理解しおよび話せるときは、無料の通訳の援助を提供しなくてもよいということである。

63．委員会はまた、言語障害その他の障害を有する子どもに対して締約国の注意を促したいと考える。第40条2項(b)(vi)の精神を踏まえ、かつ障害のある子どもについて第23条で定められている特別な保護措置に従って、委員会は、言語障害その他の障害を有する子どもが少年司法手続の対象とされた場合に、十分な訓練を受けた専門家による、たとえば手話等の十分かつ効果的な援助を提供されることを、締約国が確保するよう勧告するものである（この点に関しては、子どもの権利

委員会の一般的意見9〔障害のある子どもの権利〕も参照）。

プライバシーの全面的尊重（第16条および第40条２項(b)(vii)）

64．手続のすべての段階においてプライバシーを全面的に尊重される子どもの権利は、条約第16条に掲げられた、プライバシーの保護についての権利を反映するものである。「手続のすべての段階」には、法執行との最初の接触（たとえば情報および素性の照会）から権限ある機関による最終決定、または監督、収容もしくは自由の剥奪からの解放までが含まれる。この権利は、このような特定の文脈において、不当な公表またはラベリングのプロセスによる害を回避するためのものである。罪を犯した子どもの特定につながる可能性がある情報は、いかなるものも公表されてはならない。このような情報には、スティグマを付与する効果があるとともに、罪を犯した子どもが教育、仕事［および］住居にアクセスし、または安全を保つ能力に影響を及ぼす可能性もあるからである。すなわち公的機関は、子どもが行った疑いのある犯罪についての報道発表に関してはきわめて謙抑的な姿勢をとるべきであり、これをごく例外的な事件に限定するべきである。公的機関は、これらの報道発表資料を通じて子どもが特定されないことを保障するための措置をとらなければならない。法律に抵触した子どものプライバシー権を侵害するジャーナリストは、懲戒措置による制裁、および必要な場合には（たとえば常習犯の場合など）刑法上の制裁の対象とされるべきである。

65．子どものプライバシーを保護するため、ほとんどの締約国は、刑法を違反したとして罪に問われている子どもの、法廷その他の場所における聴聞は、非公開で行われるべきことを——例外の余地を残している場合もあるが——原則としている。このような規則は、裁判所の特別許可による専門家その他の専門職の立会いを認めるものである。少年司法における公開の聴聞は、詳細に定められた事件において、かつ裁判所による決定書面がある場合を除いて、認められるべきではない。当該決定に対しては、子どもによる異議申立てが認められるべきである。

66．委員会は、あらゆる締約国が、法律に抵触した子どもの法廷その他の場所における聴聞は非公開で実施される旨の規則を導入するよう勧告する。この規則に対する例外は、きわめて限定された、かつ法律で明確に述べられたものであるべきである。評決／量刑は、子どもの素性が明らかにされないような方法で、公開の法廷で宣告されるべきである。プライバシーについての権利（第16条）により、裁判所または他の権限ある機関がとる措置の実施に携わるすべての専門家は、外部とのあらゆる接触において、子どもの特定につながる可能性のあるあらゆる情報の秘密を保持するよう要求される。プライバシーについての権利はまた、罪を犯した子どもの記録は厳重に秘密とされるべきであり、かつ、事件の捜査および裁定ならびに事件についての判決言渡しに直接携わる者を除き、第三者に対して非開示とされるべきことも意味する。スティグマおよび（または）予断を回避するため、罪を犯した子どもの記録は、その後の事件で同一人物が罪を犯した場合の成人手続で利用されるべきではなく（北京規則の規則21.1および21.2参照）、またはそのようなその後

の事件における量刑を加重するために用いられるべきではない。

67．委員会はまた、罪を犯した子どもが18歳に達すると同時にその犯罪記録が自動的に削除されるようにするための規則、または、一定の重大犯罪については、必要であれば一定の条件（たとえば最後の有罪判決から2年間、犯罪を行わなかったこと）の下で、子どもの申請に応じて削除が可能となるような規則を、締約国が導入するようにも勧告する。

E．処分（前掲IV章Bも参照）
審判前の代替的手段
68．刑法上の正式な手続を開始する旨の決定が行われたからといって、必ずしも、当該手続が、子どもに対する、裁判所による正式な刑の言渡しをもって終了しなければならないというわけではない。前掲Bで明らかにした所見に従い、委員会は、権限ある機関（ほとんどの国では検察官事務所）は裁判所による有罪判決に代わる手段の可能性を継続的に模索するべきであることを、強調したいと考える。換言すれば、前掲Bで挙げたもののような措置を提示することにより、事案を適切なかたちで終結させるための努力が続けられるべきである。検察機関が提示するこれらの措置の性質および期間はより過酷なものとなる可能性があり、その場合は子どものための弁護人その他の適切な援助を行う者が必要となる。このような措置を遂行することは、刑法／少年法上の正式な手続を一時停止するためのひとつの手段であり、当該措置が満足のいくかたちで実施されればこれらの手続も終了することが、子どもに対して説明されるべきである。

69．裁判所による有罪判決に代わる手段を検察段階で提示する過程においては、子どもの人権および法的保障が全面的に尊重されるべきである。これとの関連で、委員会は、前掲パラ27に掲げた勧告を参照するよう求める。これらの勧告はここでも同様に適用されるものである。

少年裁判所／裁判官による処分
70．条約第40条を全面的に遵守した公正かつ正当な審判（前掲IV章D参照）が行われた後は、申し立てられた犯罪について有罪と認定された子どもに科すべき措置についての決定が行われることになる。法律は、裁判所／裁判官またはその他の権限ある、独立のかつ公正な機関もしくは司法機関がとりうる、施設ケアおよび自由の剥奪に代わる広範な手段について定めておくべきである。これらの手段は条約第40条4項に例示的に列挙されているが、その目的は、自由の剥奪が最後の手段として、かつ最も短い適当な期間でのみ用いられるようにするところにある（条約第37条(b)）。

71．委員会は、犯罪への対応は常に、犯罪の状況および重大性のみならず、子どもの年齢、有責性の低さ、状況およびニーズ、ならびに、社会の種々のニーズおよびとくに長期的ニーズにも比例したものであるべきであると、強調したい。厳格に懲罰的なアプローチは、条約第40条1項に掲げられた少年司法の主導的原則に一致しない（前掲パラ5～14参照）。委員会は、制裁としての体罰が、これらの原則、および、あらゆる形態の残虐な、非人道的なおよび品位を傷つける取扱いまたは処罰を禁じた第37条に違反するものであることを、あらためて指摘するものである（委員会の一般的意見8〔2006年・体罰その

他の残虐なまたは品位を傷つける形態の罰から保護される子どもの権利）も参照）。子どもによる重大犯罪の事案では、罪を犯した子どもの状況および犯罪の重大性に比例する措置を、公共の安全および制裁の必要性に関する考慮を含むかたちで検討することができる。子どもの事案では常に、このような考慮よりも、子どもの福祉および最善の利益を保護し、かつその再統合を促進する必要性が重視されなければならない。

72．委員会は、刑事的処分が子どもの年齢と関連している場合であって、子どもの年齢について矛盾する、決定的でないまたは不確実な証拠しか存在しないときは、子どもには灰色の利益の原則を享受する権利があることに留意する（前掲パラ35および39も参照）。

73．自由の剥奪／施設ケアに代わる手段の面では、このような措置の利用および実施については幅広い経験が蓄積されている。締約国は、このような経験を役立てるとともに、それを自国の文化および伝統にあわせて修正することによって、これらの代替的手段を発展させかつ実施することが求められる。いうまでもなく、強制労働または拷問もしくは非人道的なおよび品位を傷つける取扱いに相当するような措置は明示的に禁じられなければならないし、これらの不法行為の責任者は司法により裁かれるべきである。

74．以上の一般的見解に続いて、委員会は、条約第37条(a)で禁じられている措置について、また自由の剥奪について注意を促したいと考える。

死刑の禁止

75．条約第37条(a)は、犯行時18歳未満だった者が行った犯罪に対して死刑を科すことはできないという、国際的に受け入れられた基準（たとえば自由権規約第6条5項参照）を再確認したものである。この規定は明確であるが、この規則は18歳未満の者の処刑を禁じているにすぎないと考えている締約国が存在する。しかし、この規則における明示的かつ決定的な基準は犯罪遂行時の年齢である。すなわち、審判もしくは刑の言渡しまたは制裁の執行時に何歳であるかにかかわらず、18歳未満の者が行った犯罪に対して死刑を科すことはできない。

76．委員会は、今なお18歳未満の者が行ったあらゆる犯罪について死刑を廃止していない少数の締約国が、このような廃止に踏み切るとともに、子どもの死刑を廃止する必要な立法措置が完全にとられるまで、これらの者を対象とするあらゆる死刑の執行を停止するよう勧告する。死刑が言い渡されているときは、条約に全面的に一致する制裁へと変更されるべきである。

仮釈放のない終身刑の禁止

77．犯罪を行ったときに18歳未満であったいかなる子どもも、釈放または仮釈放の可能性がない終身刑を言い渡されるべきではない。子どもに科されるあらゆる刑について、釈放の現実的可能性があるべきであり、かつ当該可能性が定期的に考慮されるべきである。これとの関連で、委員会は、ケア、保護または治療の目的で措置されたあらゆる子どもに対して定期的再審査の権利を保障している、条約第25条を参照するよう求める。委員会は、釈放または仮釈放の可能性がない終身刑を実際に子どもに言い渡している締約

国に対し、このような制裁を科すにあたっては条約第40条１項に掲げられた少年司法の目的を全面的に遵守し、かつその実現に向けて全力を尽くさなければならないことを、想起するよう求めるものである。このことは、とくに、このような収監刑を言い渡された子どもを対象として、その釈放、再統合、および社会において建設的な役割を果たす能力の構築を目的とした教育、処遇およびケアが提供されるべきであることを意味する。また、子どもの釈放の可能性について決定するために、子どもの発達および進歩を定期的に審査することも求められる。子どもに終身刑を科すことは、釈放の可能性があったとしても、少年司法の目的の達成を、不可能ではないにせよ非常に困難にする可能性が高いことを踏まえ、委員会は、締約国に対し、18歳未満の者が行った犯罪についてあらゆる形態の終身刑を廃止するよう強く勧告するものである。

F．自由の剥奪（審判前の勾留および審判後の収容を含む）
78．条約第37条には、自由の剥奪の利用に関する主導的原則、自由を奪われたすべての子どもの手続的権利、ならびに、自由を奪われた子どもの取扱いおよび環境に関する規定が掲げられている。

基本原則
79．自由の剥奪の利用に関する主導的原則は次のとおりである。(a)子どもの逮捕、拘禁または収監は、法律に従って行うものとし、最後の手段として、かつ最も短い適当な期間でのみ用いられる。(b)いかなる子どもも、不法にまたは恣意的にその自由を奪われない。

80．委員会は、多くの国で、子どもたちが数カ月、またはそれどころか数年間、審判前の勾留による被害を受けていることに、懸念とともに留意する。これは条約第37条(b)の重大な違反である。自由の剥奪は最後の手段としてのみ用いるという、条約第37条(b)上の自国の義務を締約国が実現するためには、一連の実効的な代替的手段が利用可能とされなければならない（前掲Ⅳ章Ｂ参照）。これらの代替的手段の活用は、制裁対象となる子どもの「網を広げる」のではなく、審判前の勾留の利用も減らしていくことができるよう、注意深く構築されたものでなければならない。加えて、締約国は、審判前の勾留の利用を少なくするために十分な立法上その他の措置をとるべきである。処罰として審判前の勾留を利用することは、無罪推定原則の違反となる。とくに子どもの出廷を確保するために子どもを審判前の勾留下に置きまたは当該勾留を継続するべきか否か、および、子どもが自分自身または他の者にとって直ちに危険を及ぼすような状態であるか否かを判断するために必要な諸条件について、法律に明確な規定が置かれるべきである。審判前の勾留の期間は法律で制限し、かつ定期的再審査の対象とすることが求められる。

81．委員会は、子どもが可能なかぎり早期に、かつ必要な場合には一定の条件下で審判前の勾留から釈放されうることを、締約国が確保するよう勧告する。審判前の勾留（その期間を含む）に関する決定は、権限ある、独立のかつ公正な機関または司法機関によって行われるべきであり、子どもに対しては弁護人その他の適切な者による援助が提供されるべきである。

手続的権利（第37条(d)）

82．自由を奪われたすべての子どもは、弁護人その他の者による適切な援助に速やかにアクセスする権利、ならびに、その自由の剥奪の合法性について裁判所または他の権限ある、独立のかつ公平な機関において争い、かつ当該訴えに対する迅速な決定を受ける権利を有する。

83．逮捕されて自由を奪われたすべての子どもは、当該自由剥奪（の継続）の合法性について審査するため、24時間以内に権限ある機関に引致されるべきである。委員会はまた、審判前の勾留の合法性が定期的に、望ましい頻度としては2週間ごとに再審査されることを、締約国が厳格な法規定によって確保するようにも勧告する。たとえば代替的措置を適用することによる子どもの条件付き釈放が不可能な場合、当該子どもは、審判前の勾留が実行されてから30日以内に、罪を問われている犯罪について正式に告発され、かつ裁判所または他の権限ある、独立のかつ公平な機関の前に引致されるべきである。委員会は、裁判所による審理がしばしば複数回行われる慣行があることを踏まえ、締約国に対し、裁判所／少年裁判官または他の権限ある機関が、告発についての最終決定を、それが提出されてから6カ月以内に行うことを確保するために必要な法規定を導入するよう促す。

84．自由の剥奪の合法性について争う権利には、異議申立ての権利のみならず、自由の剥奪が（たとえば警察、検察官その他の権限ある機関による）行政決定である場合に、裁判所または他の権限ある、独立のかつ公正な機関もしくは司法機関にアクセスする権利も含まれる。迅速な決定を受ける権利とは、決定は可能なかぎり早期に、たとえば異議申立てが行われてから2週間以内に言い渡されなければならないことを意味する。

処遇および環境（第37条(c)）

85．自由を奪われたすべての子どもは、成人から分離されるものとされる。自由を奪われた子どもは、成人刑務所その他の成人用施設に措置されてはならない。成人刑務所に子どもを措置することがその基本的安全、福祉、および犯罪とは無縁の生活を維持しかつ再統合する将来の能力を損なうことについては、無数の証拠がある。成人から子どもを分離することに関する例外は、条約第37条(c)において「子どもの最善の利益に従えば成人から分離すべきではないと判断される場合を除き」というかたちで認められているが、この文言は狭義に解されるべきである。子どもの最善の利益は、締約国にとっての便宜を意味しない。締約国は、自由を奪われた子どもを対象とする独立の施設を設置するべきであり、これには明確に区別された子ども中心の職員、要員、政策および実務が含まれる。

86．このような規則があるからといって、子どもを対象とする施設に措置された子どもは、18歳を迎えると直ちに成人用施設に移送されなければならないというわけではない。子どもを対象とする施設に引き続き滞在することも、それがその子どもの最善の利益にかなっており、かつ施設にいる年少の子どもの最善の利益に反しない場合には、可能とされるべきである。

87．自由を奪われたすべての子どもは、通信および面会を通じて家族との接触を保つ権利を有する。面会の便宜を図るた

め、子どもは家族の居住地から可能なかぎり近い施設に措置されるべきである。このような接触の制限につながりうる例外的事情は、法律で明確に定められるべきであり、権限ある機関の裁量に委ねられるべきではない。

88．委員会は、国連総会が1990年12月14日の決議45/113で採択した、自由を奪われた少年の保護に関する国連指針に対して締約国が注意を向けるよう求める。委員会は、締約国に対し、関連するかぎりにおいて被収容者の処遇に関する最低基準規則も考慮に入れながら、これらの規則を全面的に実施するよう促すものである（北京規則の規則9も参照）。これとの関連で、委員会は、締約国がこれらの規則を国内法規に編入し、かつ、少年司法の運営に携わるすべての専門家、NGOおよびボランティアがその国または地域の言語でこれらの規則を利用できるようにするよう、勧告する。

89．委員会は、とくに、自由剥奪のあらゆる事案において次の原則および規則が遵守されなければならないことを強調したい。

・子どもに対しては、居住型措置の目的である立ち直りに一致する物理的環境および居住設備が提供されるべきであるとともに、プライバシー、感覚刺激、仲間と交流する機会ならびにスポーツ、体操、芸術および余暇時間活動に参加する機会への子どものニーズに対して、正当な配慮がなされなければならない。

・義務教育年齢にあるすべての子どもは、そのニーズおよび能力に適合し、かつ社会復帰の準備を目的とした教育に対する権利を有する。加えて、すべての子どもは、適当な場合には、将来の就業の備えになると思われる職種についての職業訓練を提供されるべきである。

・すべての子どもは、拘禁／矯正施設への入所と同時に医師による診断を受ける権利を有し、かつ、施設に滞在する全期間を通じて十分な医療ケアを提供されなければならない。当該医療ケアは、可能な場合には、地域の保健施設および保健サービスによって提供されるべきである。

・施設職員は、子どもがより幅広いコミュニティと接触することを促進し、かつそのための便宜を図るべきである。このような接触には、家族、友人その他の者または定評のある外部の団体の代表との連絡、ならびに、自宅および家族を訪問する機会が含まれる。

・抑制または有形力は、子どもに自傷他害の直接のおそれがある場合にのみ、かつ、他のあらゆる統制手段が尽くされた場合にのみ、用いることができる。身体的、機械的および医学的抑制を含む抑制または有形力の使用は、医学および（または）心理学の専門家による緊密かつ直接の管理下に置かれるべきである。処罰の手段として抑制または有形力を用いることがあってはならない。施設職員は適用される基準についての訓練を受けるべきであり、規則および基準に違反して抑制または有形力を用いた職員は適切な処罰の対象とされるべきである。

・規律の維持のためのいかなる措置も、少年の固有の尊厳の支持および施設ケアの基本的目的に合致したものでなければならない。条約第37条に違反する規律の維持のための措置は、厳格に禁止されなければならない。このような措置には、体罰、暗室または閉鎖房への収容もしくは独居拘禁、または、対象とされる子どもの

身体的または精神的健康もしくは福祉を害するおそれのある他のいずれかの処罰が含まれる。

・すべての子どもに対し、内容について検閲を受けることなく、中央行政機関、司法機関または他の適当な独立機関に要望または苦情申立てを行い、かつその返答について遅滞なく知らされる権利が認められるべきである。子どもは、これらの機構について知り、かつこれらの機構に容易にアクセスできる必要がある。

・独立のかつ資格を有する査察官に対し、定期的に査察を行い、かつ職権で事前通告なしの査察を行う権限が与えられるべきである。査察官は、施設に措置されている子どもと、秘密が守られる環境下で話をすることをとくに重視するよう求められる。

V. 少年司法の組織

90．これまでのパラグラフで述べてきた原則および権利の全面的実施を確保するためには、少年司法を運営するための実効的組織および包括的な少年司法制度の確立が必要である。条約第40条3項で述べられているように、締約国は、刑法に抵触した子どもに対して特別に適用される法律、手続、機関および施設の設置を促進しなければならない。

91．これらの法律および手続の基本的規定がどのようなものでなければならないかについては、この一般的意見で述べてきた。これ以上のおよびその他の規定については、締約国の裁量に委ねられる。これらの法律および手続の形式についても同様である。これらの法律および手続は、一般的な刑法および手続法に特別な章を置いて定めることもできるし、少年司法に関する独立の法律としてまとめることもできる。

92．包括的な少年司法制度においては、さらに、警察、司法機関、裁判制度、検察官事務所内に専門部署を設けること、ならびに、専門の弁護人または他の代理人が子どもに法的その他の適切な援助を提供することが必要とされる。

93．委員会は、締約国が、独立の部局としてまたは既存の地域／地区裁判所の一部としてのいずれであれ、少年裁判所を設置するよう勧告する。実際上の理由からこれが直ちに実現可能でないときは、締約国は、少年司法事件を取り扱う専門の裁判官が任命されることを確保するべきである。

94．加えて、保護観察、カウンセリングまたは監督のような専門サービスが、たとえば通所型処遇センターならびに必要な場合には罪を犯した子どもの居住型ケアおよび処遇のための施設を含む専門施設とあわせて、設けられるべきである。このような少年司法制度においては、これらのあらゆる専門的な部局、サービスおよび施設による諸活動の効果的な調整を継続的に促進することが求められる。

95．非政府組織が、少年非行そのものの防止のみならず少年司法の運営においても重要な役割を果たすことができ、かつ現に果たしていることは、多くの締約国報告書から明らかである。したがって委員会は、締約国が、自国の包括的な少年司法政策の策定および実施においてこれらの組織の積極的関与を求めるとともに、これらの組織に対し、このような関与のために必要な資源を提供するよう勧告する。

VI. 意識啓発および訓練

96. 罪を犯した子どもはメディアで否定的な取り上げ方をされることが多く、これがこうした子どもたちに対する、かつしばしば子どもたち一般に対する、差別的および否定的なステレオタイプの形成を助長している。罪を犯した子どもを否定的に取り上げ、または犯罪者扱いすることは、しばしば少年非行の原因に関する誤った提示の仕方および(または)誤解に基づいており、かつ、より厳しいアプローチ(たとえばゼロトレランス[絶対的不寛容]、3ストライク・アウト[3度以上有罪と認定されれば例外なく収監刑]、義務的量刑、成人裁判所における裁判および他の主として懲罰的性質の措置)を求める声に帰結するのが常である。少年非行の根本的原因およびこの社会問題に対する権利基盤アプローチに関して理解を深めるための積極的環境をつくり出すことを目的として、締約国は、刑法に違反したと申し立てられている子どもに条約の精神および義務に従って対応する必要性および義務についての意識を高めるための教育的その他のキャンペーンを実施し、促進しかつ(または)支援するべきである。これとの関連で、締約国は、議会議員、NGOおよびメディアの積極的かつ前向きな関与を求めるとともに、刑法に抵触したことのあるまたは現に抵触している子どもに対する権利基盤アプローチについての理解の向上に関する、彼らの努力を支援することが求められる。子ども、とくに少年司法制度に関わった経験を有する子どもがこれらの意識啓発の努力に関与することは、不可欠である。

97. とくに法執行および司法機関に従事するあらゆる専門家が、条約の規定一般、とくにその日常業務に直接関わる規定の内容および意味について適切な訓練を受けることは、少年司法の運営の質にとってきわめて重要である。このような訓練は体系的かつ継続的に組織されるべきであり、関連する国内法および国際法の規定についての情報に限定されるべきではない。とくに、少年非行の社会的その他の原因、子どもの発達の心理的その他の側面(女子およびマイノリティまたは先住民族に属する子どもに対しては特別な注意を要する)、若者の世界の文化および傾向、集団活動の力学、ならびに、刑法に抵触した子どもを取り扱うために利用可能な措置、とくに司法手続によらない措置に関する情報(前掲IV章B参照)が含まれるべきである。

VII. データ収集、評価および調査研究

98. 委員会は、とくに、子どもが行った犯罪の件数および性質、審判前の勾留の利用件数および平均期間、司法手続以外の措置により取り扱われた(ダイバージョン)子どもの人数、有罪判決を受けた子どもの人数ならびにこれらの子どもに科された制裁の性質について、細分化された基礎的なデータさえ存在しないことを深く懸念する。委員会は、締約国に対し、少年司法の運営の実務に関する情報に関わるデータであって、条約の原則および規定に全面的に従いながら少年非行を効果的に防止しかつこれに対応することを目的とする政策およびプログラムの策定、実施および評価のために必要な細分化されたデータを、体系的に収集するよう促すも

のである。

99. 委員会は、締約国が、少年非行の実務、とくにとられた措置（差別、再統合および累犯に関わるものを含む）についての定期的評価を実施するよう勧告する。これらの評価は、独立の学術機関によって行われることが望ましい。たとえば少年司法の運営における格差のうち差別に相当する可能性があるもの、および、効果的なダイバージョン・プログラムまたは新たに生じつつある少年非行活動のような少年非行分野における変遷に関する調査研究は、成功および懸念事項に関わる重要なポイントを指し示してくれよう。子ども、とくに少年司法制度のいずれかの局面に接したことのある子どもがこのような評価および調査研究に関与することは、重要である。これらの子どものプライバシーおよびその協力に関わる秘密は、全面的に尊重および保護されるべきである。これとの関連で、委員会は、締約国が、調査研究への子どもの関与に関する既存の国際的指針を参照するよう求める。

（訳：平野裕二／ARC代表）

◉アジア・太平洋地域の政府・NGOの動向

Participating in the World Congress III against Sexual Exploitation of Children and Adolescents

子どもと若者の性搾取に反対する第3回世界会議に参加して
国際人権運動としての注目と評価を

園崎寿子　エクパット・ジャパン・関西共同代表

1.リオ会議の成功から問題提起へ

2008年11月25日から28日までブラジルのリオデジャネイロで、子どもと若者の性搾取に反対する第3回世界会議(World Congress Against Sexual Exploitation of Children and Adolescents)が開催され、国際機関、政府、NGO、子ども若者代表、企業関係者など約3,000人が参加した。5つのパネル(全体会)と、数十のワークショップ(分科会)が開催され、子どもの性搾取の現実と近年の動向、各地の取組み、課題などに関して議論を深め、リオ宣言・行動計画にまとめられていった。

私たちエクパット・ジャパン・関西のメンバーは、この会議に参加して、たくさんの人たちと出会い、元気をもらって帰ってきた。日本での子どもや若者の性虐待、性搾取、参加、さらには広く人権の取組みにとっても参考になるものが多い。残念なことに、日本に帰ってみて、この会議に関する報道が限定的だったこと、全体像を伝えるにはほど遠いことを実感している。

この会議をもたらした最大の原動力は、国際エクパットにあったといってよい。小さな市民運動として始まった活動が、なぜこのように広範な人々を惹きつけ、幅広い領域にわたる成果を生みつつあるのか、国際人権に関わっている人たちにぜひ検証していただきたい。そのような問題意識を抱きつつ、会議や運動について報告する[1]。

2.エクパット・キャンペーンから世界会議へ

この会議の出発点は1991年に始まったエクパット「アジア観光における子ども買春をなくそう国際キャンペーン(ECPAT: International Campaign to End Child Prostitution in Asian Tourism)である。アジア各国で報告された、外国人観光客などによる子ども買春による被害を、国際協力によって解決していこうとした。この運動が広がり、国際機関や各国政府、観光業界な

---

[1] 解放教育2009年3月号(明治図書)、および部落解放609号(解放出版社、2009年)参照。

どを動かして、1996年にスウェーデン政府、ユニセフ、エクパットなどが主催してストックホルムで第1回子どもの商業的性的搾取反対世界会議が開催された。この頃から、子ども買春だけでなく、子どもポルノや性目的の人身売買を含む「子どもの商業的性的搾取」、すなわち金銭などを介しておとなが子どもを性的に利用することという概念が出されるようになった。この後、2001年には日本政府、ユニセフ、エクパットなどが主催して第2回子どもの商業的性的搾取反対世界会議（横浜会議）が開催された。このような動きのなかで、各国政府は実態把握や必要な立法措置、国内行動計画策定を求められ、国際機関やNGOのなかでもこの問題は大きなテーマとなっていった。観光業界をはじめ、企業も積極的な取組みを見せるようになっていった。約1年前にブラジル政府が第3回世界会議開催国となることを発表し、今回のリオ会議が実現したのである。

3.エクパット運動の成果

　エクパット運動は、この20年近くの間にさまざまな領域で成果を生み出している。この20年間、これほどの成果を上げた国際運動は少ないのではないか。議論の手がかりとして、とくに成果を上げたいくつかの領域を紹介したい。

(1)　国際条約の採択と締結

　エクパット運動は、いくつかの国際条約を作らせることに成功または大きく貢献した。1999年から2000年に3つの重要な国際条約ができた。「最悪の形態の児童労働の禁止および撲滅のための即時的行動に関するILO第182号条約」「国際的な組織犯罪の防止に関する国際連合条約を補足する人（特に女性及び児童）の取引を防止し、処罰するための議定書」「児童の売買、売買春および、子どもポルノグラフィーに関する子どもの権利条約の選択議定書」である。

　エクパット・キャンペーンが始まった1990年頃、子ども買春や子どもポルノは、社会問題として認知されていなかった。いわば、「無」から始まって「国際条約」までつながったのである。1989年に採択された「子どもの権利条約」を最大限生かしつつ、事態を前進させたということができる。

(2)　子どもと若者の参加に関する実践と理論

　この会議は、第1回世界会議以後一貫して子どもと若者の参加を重視してきた。とりわけ第3回のリオ会議では、子どもや若者がおとなと対等な立場で参加することが追求された。

　子どもの参加については、ロジャー・ハートが1977年に「子ども参加のはしご」を提案した。実際に「お飾り」から「対等な参加」に変えていくためには、さまざまな原則の整理や手続上の工夫が不可欠だった。この世界会議が3回にわたって追求してきた子ども若者参加のプロセスでは、それが具体化され、深められてきた。

　子どもの権利条約は生存・発達・防

御・参加という4本柱で構成されている。エクパット運動はそのすべてを大切にしつつ、とりわけ子どもや若者参加の理論と実践を大きく前進させた。子どもの権利条約の思想を体現した運動のひとつだったといってよいのではないか。

(3) 「子どもポルノ」に関わる議論の進展

リオ会議では、従来使われてきた「子どもポルノ(Child Pornography)」という言い方に変わって「子どもの虐待の映像(Child Abuse Images)」という言葉が前に出された。もともと、子どもポルノが問題とされたのは、それが特定の子どもへの虐待の記録だからである。その記録が出回れば、被害者はいつまでもその被害に苦しめられることになる。ここから出発して、「性的搾取；Sexual Exploitation」と「性的虐待；Sexual Abuse」との概念整理がさらに必要だという議論もあった。たとえば、子どもの水着姿の写真が、本人の知らないうちに出回っていたような場合、それは子どもの「虐待」なのか、「搾取」なのかということである。さらに、マンガを含むバーチャルなものなど、実在の個人を虐待した記録でなかったとしても、「子ども全体への犯罪である」と捉える議論があった。「子どもという存在にとって欠くことができないもの；Essence of Childhood」が侵されたことを問題にするというのである。人権の主体は、もともと個人とされてきた。しかし、個人の人権を守るためには、集団としての人権という発想が必要だという議論が出てきた。先住民の権利などはその例であろう。では子どもの場合はどうなのか。

(4) 議会・政府・警察・企業・市民団体など幅広い機関の巻込み

エクパット・キャンペーンは、当初より政府や企業を動かそうとしてきた。立法機関としての国会での法律制定、政府による行動計画策定などについてはすでに述べた。警察には、「南」の国で加害者となった「北」の国の自国民の捜査、国外犯処罰に関わって行動を要請してきた。初期の人権運動が政府と対立する性格を強く持っていたことを考えると、エクパット・キャンペーンは当初より第三世代の人権という発想を強く持っていたということができよう。

企業については、観光業を中心に第1回世界会議から参加し、第3回ではIT産業も含めさまざまな企業が参加していた。市民団体としてもかなり幅広いグループを巻き込んできた。日本国内でも、子どもの権利に取り組んでいる団体の多くがエクパット・キャンペーンや世界会議に加わるようになった。

4.成果をもたらしたものは何か？

以上のような成果につながった原因はどこにあるのだろうか。この点の分析を呼びかけたいのだが、私たちなりの考えを述べておきたい。

1つは、被害の実態を常に土台に据

えてきたことである。2つには、「南」の国と「北」の国にいる個人や団体を結びつける論理や具体的な課題を提案し続けてきたことではないか。3つには、さまざまな機関や階層を巻き込む戦略を積極的に追求したことかもしれない。

最終日にはリオ宣言の草案が発表された。宣言の最終的な採択は時間切れで間に合わず、1カ月間、意見をネット上などで受け付け確定する流れとなった。問題を抱えた国のひとつとして、日本の今後にも注目が集まっている。世界からもらった元気をもとに、私たちも今後の取組みを考えたい。

※　ヒューライツ大阪機関誌「国際人権ひろば」No.83（2009年1月号）より転載。

●アジア・太平洋地域の政府・NGOの動向

Participating in the 13th Annual Meeting of the Asia Pacific Forum of National Human Rights Institutions (APF)

国内人権機関の「独立性」と NGOとの「ROCKY」な関係
アジア・太平洋国内人権機関フォーラム(APF) 第13回年次会議に参加して見えたもの

山下 梓　人権市民会議事務局

2008年8月7日、マレーシアのthe Sun紙に、「人権は十分に守られていない(Human rights not adequately protected)」という題名の投稿が載った。筆者は地元の人権NGO「Empower」のHoney Tan Lay Ean弁護士。書かれていたことをごく短く紹介すると、以下に書く「アジア・太平洋国内人権機関フォーラム(Asia Pacific Forum of National Human Rights Institutions: APF)」の第13回年次会議でのマレーシア政府の姿勢に失望させられたというのだ。投稿は、「政府は、マレーシアの人権について『成果』を強調するものの、悪化する人権状況など現状を正しく認識できずにいる」と指摘した。

APF会議にオブザーバー参加したNGOの人間なら、概ね、Honey Tan Lay Ean弁護士の主張に同調するだろう。

1.第13回年次会議開催

2008年7月28日〜31日の4日間、マレーシア・クアラルンプールで、APF年次会議が開かれた。APFとは、アジア・太平洋地域における人権の保護と促進を目的として、同地域の国内人権機関が互いの経験を共有し、活動を強化し合おうと、各国の国内人権機関が集まって1996年に設立された組織である。現在、「正会員」1)と「準会員」2)を合わせて17の国と地域の人権機関が参加している。4日間の会議には、この17の国と地域のほか、香港とイランの国内人権機関、9カ国3)と1政府間フォーラム4)の政府代表、そして、オブザーバーとして、100人を超える人権NGO関係者が出席した。

1)　アフガニスタン、オーストラリア、インド、インドネシア、マレーシア、モンゴル、ネパール、ニュージーランド、フィリピン、韓国、スリランカ、タイ、東ティモールの国内人権機関とヨルダンの人権センター。
2)　パレスチナ自治区、カタール、モルディヴの国内人権機関。
3)　オーストラリア、バーレーン、マレーシア、ニュージーランド、パキスタン、パプアニューギニア、フィリピン、サモア、韓国。
4)　太平洋諸島フォーラム。

会議では、各国内人権機関の活動や相互連携について話し合われたほか、国連人権理事会の下に新設された「普遍的定期審査（Universal Periodic Review: UPR）」制度や、2008年12月に60周年を迎えた世界人権宣言の29条2項「人権制限の限界」、企業の社会的責任、先住民族や民族的マイノリティの権利について議論が行われた。また、ビルマで続いている人権侵害や、イランにおける人権状況と、同国の人権活動家が直面する困難について、懸念が示された。

以下、第13回APF年次会議に参加して見えたものを、オブザーバー参加した一人としてお伝えしたい。なお、同会議の会場となったホテルで7月27日～29日、NGOは、自分たちの声をAPF年次会議の議論や成果に反映させようと、NGO会議を開催した。そのことにも触れたいと思う。

2.「独立性」をめぐるSUHAKAMの「逆ギレ」？

国内人権機関が実効的に機能するための重要な要素のひとつに、「国内人権機関の地位に関する原則（パリ原則）」[5]に沿った、法律・運営・政策・財政における政府からの「独立性」がある。国内人権機関の独立性が十分でなければ、人権の促進と保障における実効性は低下し、市民社会からの信頼を失う。信頼を失った国内人権機関は、「現場」をよく知る人権NGOから協働を拒まれ、人権の促進と保護において、市民社会に寄り添った実効的な役割を果たせない。

このように重要な「独立性」だが、アジア地域において国内人権機関が政府から独立している例を見つけるのは難しい[6]。

APF会議3日目の30日のこと。発言を許されたマレーシアのNGOが、同国の人権委員会（SUHAKAM）の独立性がないことに触れた。SUHAKAMは2000年、マレーシア人権委員会法に基礎を置く、外務省管轄下の組織として設立。しかし2004年、首相府が直轄下に置き、同組織の独立性は著しく侵害されることになった。

「『独立性』の定義は？　SUHAKAMとNGOの関係が『ROCKY』になったのは、SUARAM[7]をはじめとする、あなたたちNGOのせいではありませんか？」NGOの発言に対し、SUHAKAMの委員は「逆ギレ」した。

---

5)　国連総会決議48/134（1993年12月20日）。ヒューライツ大阪ホームページに邦訳が掲載されている。http://www.hurights.or.jp/database/J/HRI/paripriciple.htm
6)　国内人権機関に関するアジアNGOネットワーク（Asian NGOs Network on National Human Rights Institutions: ANNI）による「ANNI 2008 アジアにおける国内人権機関の実行と設立に関する報告書（Report on the Performance and Establishment of National Human Rights Institutions in Asia）」によると、アジアでは、韓国の国家人権委員会とインドネシアの国内人権委員会（Komnas HAM）が高い独立性を有する。しかし、韓国国家人権委員会については2008年1月、大統領府の管轄下に置こうとする動きが見られ、独立性の維持が危機にさらされている。Komnas HAMについては、独立性が「高すぎる」ため、政府との関係性が建設的ではないと指摘されている。http://www.forum-asia.org/in_the_news/pdfs/ANNI2008.pdf
7)　マレーシアの代表的人権NGOのひとつ。

「ROCKY」(不安定)という単語は、「ANNI 2008 アジアにおける国内人権機関の実行と設立に関する報告書」8)に、アジアにおける国内人権機関とNGOとの一般的関係を表した言葉として登場するが、このSUHAKAMの委員は、マレーシアにおいて国内人権機関とNGOの関係が「建設的で生産的ではない」のは、国内人権機関に協力的でないNGOに責任があると言い放った。NGOが会合にSUHAKAMの委員を招待しても出席率は10%を切り、限られた問題以外については国内人権機関寄りのNGOばかりと協働し、SUHAKAMに批判的なNGOはSUHAKAM主催の会議に招待しないのに、責任はNGOにある？

APF会議では、フィリピンや韓国など、国内人権機関の独立性が十分ではない現状や、独立性を保つのが非常に難しいということを認めた国内人権機関もあったが、「政府寄り」あるいは「政府の代弁者」となってしまっているアジアの国内人権機関の現状が、SUHAKAMの委員の「逆ギレ」発言には現れていたように思う。

3.「で、日本ではいつ？」

APF会議最終日の31日、チュラロンコン大学(タイ)教授でヒューライツ大阪・国際諮問委員でもあるヴィティット・ムンタボーン先生とランチの席で一緒になった。ムンタボーン先生とは2008年1月に行われたタイでの会議でお会いしていたので、先生は「やあ、また会ったね。元気？」と話しかけてくださった。そして、私がそれに答えようとすると、その間も与えずに、「で、日本ではいつ？」と質問された。「『何』が『いつ？』なのか？」と一瞬思ったが、何のことかと聞き返す前に、ムンタボーン先生の質問が理解できた。「で、日本ではいつ(国内人権機関ができるの)？」だった。

実は、APF会議とNGO会議の開催中、私はムンタボーン先生だけではなく、複数の人から「日本に国内人権機関ができるのはいつか？」と聞かれた。

APFによると、現在、パキスタン、パプアニューギニア、サモアの3政府が、国内人権機関の設置を検討している。APF会議に参加した北京大学博士課程の学生によると、中国でも国内人権機関設置の可能性を探る動きがあるという。

「で、日本ではいつ？」——これを読んでくださっているみなさんは、何と答えられるだろうか？

4.「人権は十分に守られていない」——国内人権機関の必要性、議論する理由

Honey Tan Lay Ean弁護士がthe Sun紙に書いた「人権は十分に守られていない」というフレーズ。同弁護士は

---

8) 注6)参照。

マレーシア国内のことについてそのように指摘したのだったが、APF会議に参加した私たちNGOは、この言葉を、命をかけてマレーシアまでやって来たイランの人権活動家4人から痛感させられた。

NGO会議2日目の28日、イランの人権活動家の一人がマイクの前に立ち、ゆっくりとフランス語で話し始めた。フランス語のわからない私には、この紳士が何を言っているのかわからなかったが、彼の沈痛な表情から、何かよくないニュースを伝えようとしていることはわかった。

通訳を待つと、彼が、「昨日、イランでは、29人が公開処刑されました」と言ったことがわかった。会場の空気が一瞬止まった。

イランでは1979年以来、さまざまな理由で多くの市民──女性、子ども、民族的・宗教的マイノリティ、同性愛者など──が、絞首刑や投石による公開処刑にされていることは知っていた。以前、イランの小さな街での公開絞首刑前後の写真を見せられて衝撃を受けたことがあったが、イランで活動する人権活動家の口から直接聞いた最新のニュースに、言葉が出るはずもなく、ただ戸惑った。

イランでの処刑のニュースは、本当に衝撃的だった。しかし、アジア・太平洋地域をはじめとする世界中で日々起きている人権侵害の一例にすぎない。日本にも、人間としての尊厳を傷つけられて声を上げられなかったり、社会や制度に訴えても救済されないケースが山ほどある。

国内人権機関が必要とされる理由や、私たちが国内人権機関を議論する理由は、このような状況を少しでも改善するためではないだろうか？　すでに侵害されてしまった人権を救済し、これから起こるかもしれない人権侵害を予防するための措置を講じる。4日間にわたったAPF会議と、それに並行して行われたNGO会議に参加し、私があらためて確認したことは、当たり前と思われるようなことだった。

※　ヒューライツ大阪機関誌「国際人権ひろば」No.81（2008年9月号）より転載。

アジア・太平洋地域の政府・NGOの動向●国内人権機関の「独立性」とNGOとの「ROCKY」な関係──アジア・太平洋国内人権機関フォーラム第13回年次会議に参加して見えたもの

㈶アジア・太平洋人権情報センター
(ヒューライツ大阪)

　　国連憲章や世界人権宣言の精神に基づき、アジア・太平洋地域の人権の伸長をめざして、1994年に設立されました。ヒューライツ大阪の目的は次の4点です。
(1) アジア・太平洋地域における人権の伸長を図る
(2) 国際的な人権伸長・保障の過程にアジア・太平洋の視点を反映させる
(3) アジア・太平洋地域における日本の国際協調・貢献に人権尊重の視点を反映させる
(4) 国際化時代にふさわしい人権意識の高揚を図る
　　この目的を達成するために、情報収集、調査・研究、研修・啓発、広報・出版、相談・情報サービスなどの事業を行っています。資料コーナーは市民に開放しており、人権関連の図書や国連文書、NGOの資料の閲覧や、ビデオの観賞ができます。
　　センターの開館時間●平日(月～金)の9：30より17：30

〒552-0021
大阪市港区築港2-8-24 pia NPO 3階
TEL.06-6577-3577～8　FAX.06-6577-3583
E-mail●webmail@hurights.or.jp
Web●http://www.hurights.or.jp

アジア・太平洋人権レビュー2009

女性の人権の視点から見る国際結婚

2009年6月1日　第1版第1刷発行

編　者●㈶アジア・太平洋人権情報センター(ヒューライツ大阪)
発行人●成澤壽信
編集人●西村吉世江
発行所●株式会社 現代人文社
　　　　〒160-0004 東京都新宿区四谷2-10 八ツ橋ビル7階
　　　　電話03-5379-0307　FAX03-5379-5388
　　　　henshu@genjin.jp(編集部)　hanbai@genjin.jp(販売部)
　　　　http://www.genjin.jp
発売所●株式会社 大学図書
　　　　電話03-3295-6861　FAX03-3219-5158
印　刷●シナノ書籍印刷株式会社
装　丁●スタジオ・ポット
検印省略　Printed in JAPAN
ISBN978-4-87798-420-5 C3030
ⓒ2009 by Asia-Pacific Human Rights Information Center